智慧旅游创新实践教材

LÜYOU DASHUJU FENXI

旅游大数据分析

韩一武◎总主编
李　云　王亚丽　陈　亮◎主编
丁原祖　贾雪梅　聂艳芳　郭艳萍◎副主编

北京·旅游教育出版社

图书在版编目（CIP）数据

旅游大数据分析 / 李云，王亚丽，陈亮主编. -- 北京：旅游教育出版社，2023.10（2024.8重印）
ISBN 978-7-5637-4523-4

Ⅰ. ①旅… Ⅱ. ①李… ②王… ③陈… Ⅲ. ①旅游业－数据处理－高等职业教育－教材 Ⅳ. ①F59-39

中国国家版本馆CIP数据核字(2023)第003352号

旅游大数据分析

韩一武　总主编

李云　王亚丽　陈亮　主编

丁原祖　贾雪梅　聂艳芳　郭艳萍　副主编

责任编辑	陈凤玲
出版单位	旅游教育出版社
地　　址	北京市朝阳区定福庄南里1号
邮　　编	100024
发行电话	（010）65778403　65728372　65767462（传真）
本社网址	www.tepcb.com
E-mail	tepfx@163.com
排版单位	北京旅教文化传播有限公司
印刷单位	北京市泰锐印刷有限责任公司
经销单位	新华书店
开　　本	710毫米×1000毫米　1/16
印　　张	14.75
字　　数	185千字
版　　次	2023年10月第1版
印　　次	2024年8月第3次印刷
定　　价	49.00元

（图书如有装订差错请与发行部联系）

智慧旅游创新实践教材编委会

总 主 编：韩一武

执行总主编：丁原祖　贾雪梅

委　　员（按姓氏笔画顺序排列）：

马素萍　马　雯　王亚丽　王晓岗　王梅音
王慧盟　冯雅韵　闫　军　李　云　李　玮
李晓俊　李晓婧　张　焱　陈　亮　武颜军
周　倩　郑　媛　赵治龙　胡　月　袁　芬
聂艳芳　郭艳萍　郭　惠　梁　玲　彭露露
韩　玮　潘贵忠

《旅游大数据分析》编委会

主　　编：李　云　王亚丽　陈　亮

副 主 编：丁原祖　贾雪梅　聂艳芳　郭艳萍

委　　员：李晓俊　李　玮　闫　军　王梅音　郭　惠
　　　　　武颜军　袁　芬　梁　玲　张　焱　马素萍
　　　　　韩　玮　潘贵忠

总　序

大数据时代，信息技术赋予了旅游业新的活力，数字化和信息化达到了新的高度，旅游业发生了革命性的变化。《"十四五"旅游业发展规划》提出要推进以"互联网+"为代表的旅游场景化建设，加强旅游大数据基础理论研究，推动区域性和专题性旅游大数据系统建设，鼓励依法依规利用大数据等手段，提高旅游营销传播的针对性和有效性。这些政策体现了强化旅游科技支撑和发展数字经济的重要作用。随着数字旅游市场的快速增长，旅游大数据建设和管理人才紧缺，各种旅游场景的建设运营均需要既有业务视野也有大数据能力的人才，旅游管理相关专业必须结合数字化实现转型升级，以满足数字化浪潮下旅游产业对人才的需求。

在数字文旅建设背景下，太原旅游职业学院紧扣时代和行业需求，积极开展旅游管理类专业智慧化升级改革，依托旅游管理、智慧旅游技术应用、智慧景区开发与管理、酒店管理与数字化运营、大数据技术、网络营销等专业组建旅游管理专业群。专业群以立德树人为根本，以传统旅游业的改造升级和旅游新业态的发展创新为目标，以"教师——教材——教法"为核心建设内容，着力打造"德技兼修、课证融通、实境育人"的工学结合人才培养模式，探索职业本科层次的人才培养路径，建立教师教学创新团队，建设线上线下混合式教学、课程思政案例库等为特色的专业群课程体系，出版地方特色丛书及融媒体专业课程教材，辅以技术技能平台，加强国际合作，提升社会服务能力，以产教融合、服务需求、重构体系、创新模式的专业建设思路和实践，为数字文旅的发展提供人才支撑。

本套教材均是我院旅游管理专业群智慧化升级改革建设成果，采用"校企合作、双元开发"方式，依据智慧旅游的实际应用场景，围绕旅游大数据的获取、处理、分析和应用，旅游新媒体营销的认知、策划和实施等核心技能编写。教材结构清晰，逻辑严密，案例新颖，"课、岗、训"融合特色突出，具有较强的实用性。为了便于教学，本套教材同时配有 PPT、课后题答案、二维码等丰富的教学资源。

总主编：

2023 年 9 月

前　言

随着云计算、物联网、大数据和人工智能等信息技术在旅游业的广泛应用，旅游变得越来越智能化和智慧化，智慧旅游已成为推动旅游产业提质升级的新动力。"十四五"规划纲要明确提出，要深入发展智慧旅游，创新旅游产品体系，改善旅游消费体验。因此，我们必须改变传统的旅游人才培养模式，加快培养具备数字化发展思维、数字化管理理念、数字化分析素养和数字化创新能力的复合型数字文旅人才，为智慧旅游的发展提供重要的人才支撑。

本书根据大数据时代对数字文旅人才的需求，融合计算机科学、大数据技术和旅游管理等领域的相关知识，以培养具有大数据分析和解读能力的数字文旅人才为目标，采用以项目为导向、以学生为主体的教学理念，结合多元化的教学手段，以岗位实际案例为主，通过阐述旅游大数据的获取、处理、分析和可视化的方法和技术，最终使学生具备运用大数据技术分析解决旅游行业实际问题的知识、能力与素养。

本书共分为七个项目。其中，项目一介绍旅游大数据的定义、分类和应用场景，使学生建立起对旅游大数据的基本认知；项目二介绍数据采集、数据预处理、数据分析和挖掘、数据可视化等旅游大数据分析流程，使学生了解如何从海量的旅游数据中提取有价值的信息，并将其转化为可视化的结果；项目三通过介绍旅游舆情监测、旅游舆情传播分析和游客满意度分析，使学生了解如何及时捕捉和解读游客的情绪，以提升旅游服务的质量和效果；项目四介绍旅游客流监测方式方法、旅游客流趋势分析和分布分析，帮助学生更好地了解和应对不同时间和空间维度上的旅游客流变化；项目五通过介绍游客画像和旅游市场分析等大数据背景下的旅游营销策略，使学生了解如何通过数据分析进行精准营销；项目六介绍旅游目的地形象感知分析和空间分布特征分析，帮助学生深入了解旅游目的地的发展；项目七介绍旅游大数据相关政策与法律法规，以确保数据使用的合规性。通过这七个项目的有序展开，学生将获得一体化的旅游大数据知识与实践指导，并能够更好地应用于实际场景中。

  本书由太原旅游职业学院李云、王亚丽和上海棕榈电脑系统有限公司陈亮规划与统稿，其中项目一和项目六由太原旅游职业学院王亚丽编写，项目二由太原旅游职业学院李玮编写，项目三由太原旅游职业学院李云编写，项目四由山西旅游职业学院郭惠编写，项目五由山西青年职业学院武颜军和山西旅游职业学院郭艳萍共同编写，项目七由太原旅游职业学院王梅音编写。此外，本书"职业素养园地"板块内容由太原旅游职业学院李晓俊、闫军编写，部分旅游数据由上海棕榈电脑系统有限公司韩玮和北京世纪荣鼎健康科技研究院潘贵忠提供，太原旅游职业学院丁原祖、聂艳芳、贾雪梅、浙江旅游职业学院袁芬为本书提供了大量的旅游大数据分析案例和素材，并对如何将岗位职业技能要求融入本书提供了宝贵意见。太原旅游职业学院李云、王亚丽、李玮、王梅音、闫军、李晓俊、张焱、马素萍，山西旅游职业学院郭艳萍、郭惠，山西工程职业学院梁玲参与录制了本书的相关教学视频。在此，衷心感谢山西旅游职业学院、浙江旅游职业学院、山西青年职业学院、山西工程职业学院、上海棕榈电脑系统有限公司、北京世纪荣鼎健康科技研究院、旅游教育出版社等单位和编写团队的倾情付出和全力支持。

  由于编者水平有限，书中难免有不足之处，恳请广大读者及专家批评指正。

编者

2023 年 7 月

目　录

项目一　认识旅游大数据 ··· 1
　　任务 1　旅游大数据的定义 ··· 3
　　任务 2　旅游大数据的分类 ·· 17
　　任务 3　旅游大数据的应用场景 ··· 23

项目二　旅游大数据分析流程 ··· 29
　　任务 1　数据采集 ··· 31
　　任务 2　数据预处理 ··· 43
　　任务 3　数据分析和挖掘 ··· 53
　　任务 4　数据可视化 ··· 60

项目三　旅游情绪监测与分析 ··· 71
　　任务 1　旅游舆情监测 ·· 73
　　任务 2　旅游舆情传播分析 ··· 84
　　任务 3　游客满意度分析 ··· 95

项目四　旅游客流监测与分析 ··· 109
　　任务 1　旅游客流监测方式方法 ··· 111

任务 2　旅游客流趋势分析 ································· 116
　　任务 3　旅游客流分布分析 ································· 126

项目五　大数据背景下的旅游营销 ································· 133
　　任务 1　游客画像 ··· 135
　　任务 2　旅游市场分析 ····································· 146

项目六　旅游目的地分析 ··· 159
　　任务 1　认识旅游目的地 ··································· 161
　　任务 2　基于 UGC 的旅游目的地形象感知分析 ················· 169
　　任务 3　基于 OGC 的旅游目的地空间分布特征分析 ············· 181

项目七　旅游大数据政策与法律法规 ······························· 189
　　任务 1　旅游政策与法律法规 ······························· 191
　　任务 2　数据安全政策与法律法规 ··························· 202
　　任务 3　旅游大数据安全管理 ······························· 212

参考文献 ··· 224

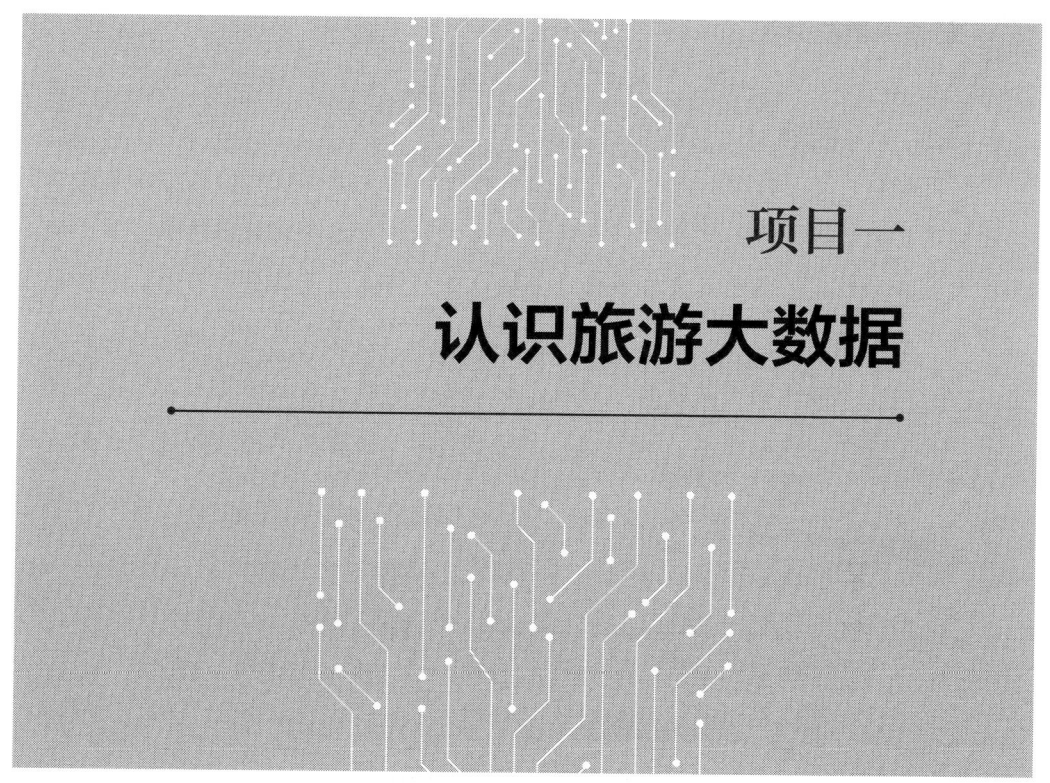

项目一 认识旅游大数据

项目概述

随着互联网的普及和旅游信息化的建设，今天的旅游产业已由传统旅游发展为智慧旅游。要达到智慧旅游，给游客提供高效的旅游信息化服务，就需要将旅游的"吃、住、行、游、购、娱"六要素领域的数据进行整合，然后通过大数据技术进行数据分析和数据可视化，从而使游客的决策更加高效、便捷。本项目分别从旅游大数据的定义、分类和应用场景三个方面来阐述旅游大数据。

旅游大数据分析

▎职业素养园地 ▎

现如今，旅游行业的数据已升级为大数据，而大数据技术的战略意义更在于对这些数据进行专业化处理，因此需要同学们树立旅游大数据意识，学会使用大数据。数字技术已成为当下世界科技革命和产业变革的先导力量。面对数字化带来的机遇和挑战，我们要把握好大数据发展的重要机遇，持续让大数据发力，助推旅游业高质量发展。同时，我们也要以数字技术为基石，携手营造更加公平合理、开放包容、安全稳定、健康向上、富有生机活力的网络空间。

▎思维导图 ▎

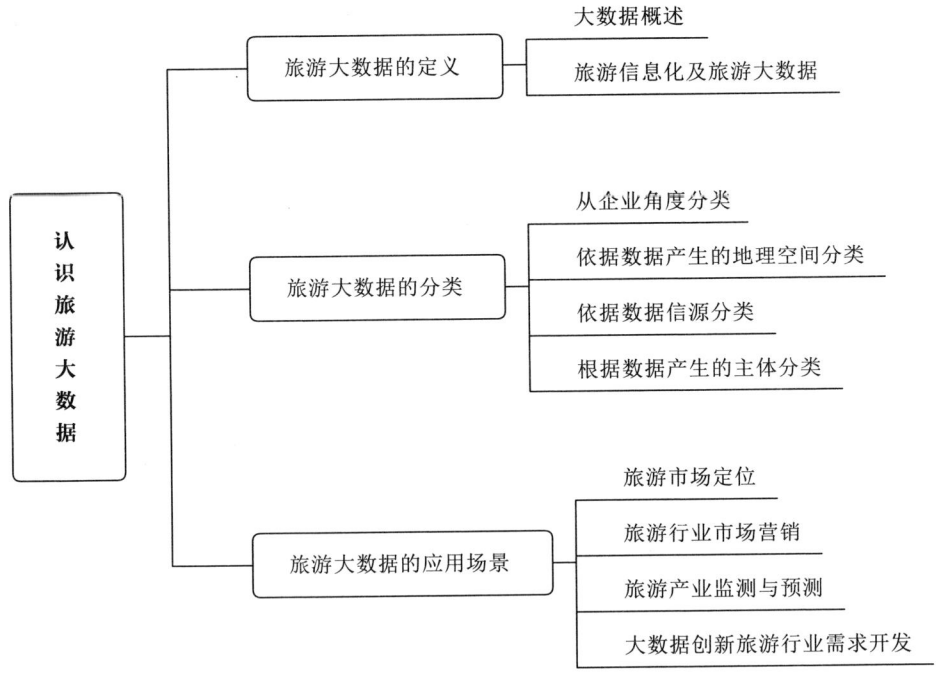

项目一 认识旅游大数据

任务 1　旅游大数据的定义

[任务描述]

借助网络资源、图书资料学习，可区分数据、大数据和旅游大数据的关系，了解大数据基本概念、特征及旅游大数据的定义，并能举例说出一些常见的旅游大数据。

[任务目标]

- 理解数据的定义。
- 理解智慧层次模型。
- 掌握大数据的定义及特征。
- 理解旅游大数据的定义。
- 能区分数据、大数据与旅游大数据的关系。
- 树立旅游大数据意识，学会使用大数据助力美好生活体验，推动旅游业高质量发展，引领社会好风气，提升国家的综合竞争力。

[知识准备]

一、大数据概述

（一）数据的定义

数据（Data）是事实或观察的结果，是对客观事物的逻辑归纳，是用于表示客观事物的未经加工的原始素材。它是信息的表现形式和载体，可以是符号、文字、语音、图像、视频等。数据和信息是不可分离的，数据是信息的表达,信息是数据的内涵。数据本身没有意义,数据只有对实体行为产生影响时才成为信息,如历史的记录、生活的片段、交易的流程、过程的监控、经验的累积等。

数据的演变是一个渐进的过程,它不是简单的一种形式代替另一种形式,而是有由一个简单到复杂的各种形式相互包容、不断丰富的过程。第一阶段,人们将数据作为一种计量工具与技术相融合,充分体现了其精确性和实用性特征;第二阶段是科学数据的形成阶段,数据除作为计量工具外,还成为人们认识事物的基础和依据,并融入自然哲学的研究方法中,使定量研究成为自然科学的基本研究范式;第三阶段是大数据的诞生阶段,数据成为一种重要的社会资源,影响着整个社会的发展进程,大数据也为社会科学提供了定量研究方法,实现了数据与社会科学的结合,基于数据的社会管理、服务应运而生。

(二)数据、信息、知识与智慧的关系

美国艺术与科学学院院士斯科特·佩奇在畅销书《模型思维》一书中,从DIKW体系拓展出智慧层次模型(图1-1、图1-2),将数据、信息、知识与智慧之间的关联加以总结。

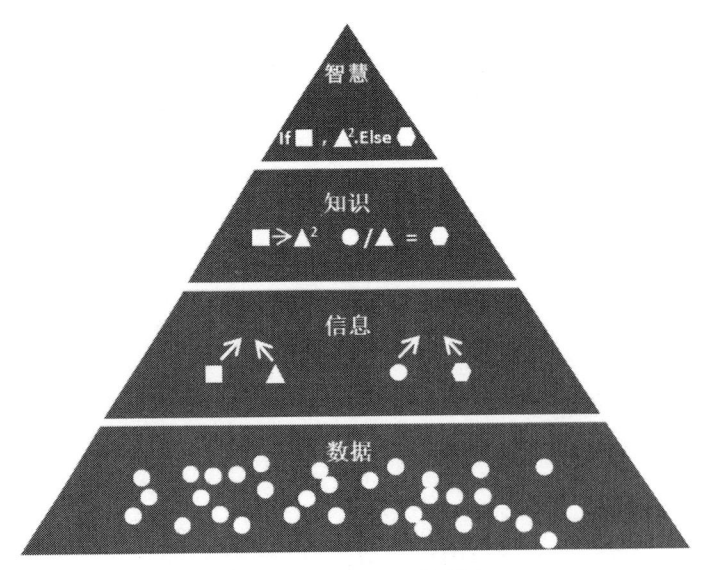

图1-1 智慧层次模型1

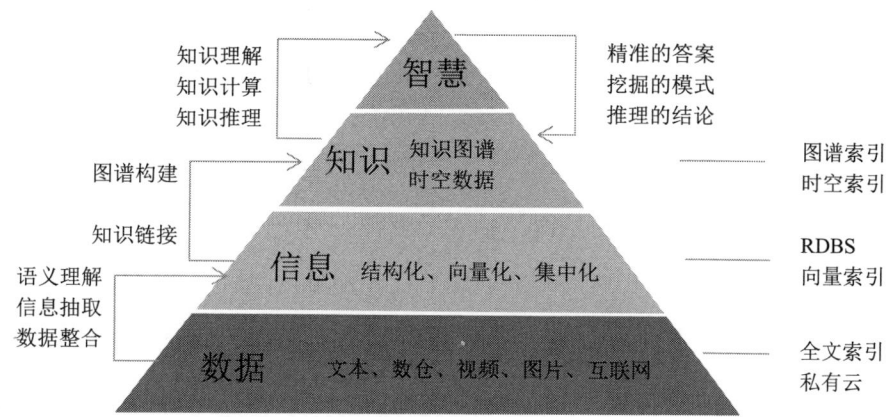

图 1-2 智慧层次模型 2

在这个模型中,最下面一层是数据,即最原始的、未编码的事件、经历和现象,如出生、死亡、市场交易、投票、音乐下载、降水、足球比赛,以及各种各样的事件(物种)。数据既可以是一长串的 0 或 1,也可以是时间戳,或者页面之间的链接等。数据是缺乏意义、组织或结构的。

信息用来给数据命名并将数据归入相应的类别。

柏拉图认为知识是可以证明的真实的信念,更现代的定义则认为知识就是对相关关系、因果关系和逻辑关系的理解。知识组织了信息,呈现为模型的形式。

智慧是指识别和应用相关知识的能力。智慧是一个很神奇的东西,一些人有智慧但不一定有很多知识;相反,一些人可能是博士或硕士,有许多知识,但不一定有智慧。如何将知识提升到智慧,这是需要"智慧"的,需要悟性。

旅游大数据分析可以概念性总结为使用适当的大数据统计与分析方法,对收集的涉旅相关数据进行分析,提取其中有用的信息。在实际操作过程中,旅游大数据分析的本质就是把与旅游相关的数据变成信息,再从信息抽取知识,最后应用知识,其具体过程如下。

1. 收集涉旅数据

涉旅数据包括与旅游行业有关的文本、文章、图片、图表、音频、视频等相关的内容。涉旅数据也可以理解为最基本的一个原始信息源,未经筛选、未经管理、未经处理或者被计算机化的内容。

2. 提取信息

提取完数据之后，就要把数据转化为信息。信息是对前面杂乱的数据进行处理，建立联系，使之具有实际意义，成为可用的数据。

3. 抽取知识

把信息中的内容再进行抽取，抽取后就转变成了知识，此为数据分析的核心过程。这里需要关联到旅游行业的相关业务知识，即对旅游信息及其内在联系的进一步分析，从中得到所需要的规律性认知，这就是对信息的应用。

4. 形成智慧

从知识中发现内在的原理并预测事物的发展，是对知识的应用。例如，找到黄金周的具体预警方案、旅游突发事件的处理路径等。

（三）大数据的定义

大数据（Big Data），指无法在一定时间范围内用常规软件工具进行捕捉、管理和处理的数据集合，是需要新处理模式才能具有更强的决策力、洞察力和流程优化能力的海量、高增长率和多样化的信息资产。

拓展知识 1-1：
大数据的概念

大数据包括结构化、半结构化和非结构化数据，非结构化数据越来越成为数据的主要部分。

1. 结构化数据

结构化数据，简单来说就是数据库，也称作行数据，是由二维表结构来逻辑表达和实现的数据，严格地遵循数据格式与长度规范，主要通过关系型数据库进行存储和管理。比如企业 ERP、财务系统，医疗 HIS 数据库等。

2. 半结构化数据

半结构化数据和普通纯文本相比具有一定的结构性，但却不方便模式化，有的因为描述不标准，有的因为描述有伸缩性，总之不能模式化。它是一种适于数据库集成的数据模型，也就是说，适于描述包含在两个或多个数据库（这些数据库含有不同模式的相似数据）中的数据。它是一种标记服务的基础模型，用于 Web 上共享信息，如 XML 文档、JSON 文档、E-mail、日志文件、html 文档等。

3. 非结构化数据

非结构化数据，是与结构化数据相对的，即无法结构化的数据，不适于由数据库二维表来表现，包括所有格式的办公文档、各类报表、图片和音频、视频信息等。支持非结构化数据的数据库广泛应用于全文检索和各种多媒体信息处理领域。IDC 的一项调查报告指出：企业中 80% 的数据都是非结构化数据，这些数据每年都按指数增长 60%。

（四）大数据的特征

大数据的特征通常采用 4V 来概括，具体指数据体量大（Volume）、数据类型多（Velocity）、处理速度快（Variety）、价值密度低（Value）。如图 1-3 所示。

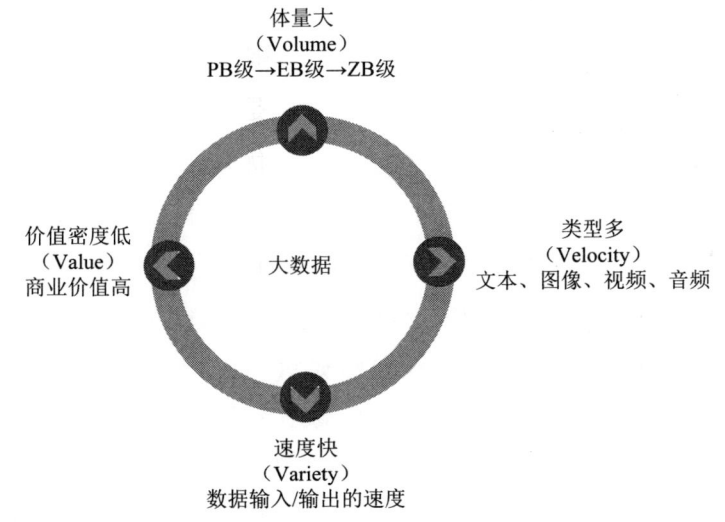

图 1-3　大数据的 4V 特征

1. 数据体量大

数据集合的规模不断扩大，已经从 GB 级增加到 TB 级再增加到 PB 级，近年来，数据量甚至开始以 EB 和 ZB 来计数。例如，一个中型城市的视频监控信息一天就能达到几十 TB 的数据量。（注：1ZB=1024EB，1EB=1024PB，1PB=1024TB，1TB=1024GB，1GB=1024MB）百度首页导航每天需要提供的数据超过 1.55PB，如果将这些数据打印出来，会超过 5000 亿张 A4 纸。

2. 数据类型多

传统 IT 产业产生和处理的数据类型较为单一，大部分是结构化数据。随着传感器、智能设备、社交网络、物联网、移动计算、在线广告等新的渠道和技术不断涌现，新生的数据类型无以计数。现在的数据类型不再只是格式化数据，更多的是半结构化或者非结构化数据，如 XML、邮件、博客、即时消息、视频、照片、点击流、日志文件等。企业需要整合、存储和分析来自复杂的传统和非传统信息源的数据，包括企业内部和外部的数据。

3. 处理速度快

表示大数据的数据产生、处理和分析的速度在持续加快。加速的原因是数据创建的实时性特点所致，以及将流数据结合到业务流程和决策过程中的需求。业界对大数据的处理能力有一个称谓——"1 秒定律"，也就是说，可以从各种类型的数据中快速获得高价值的信息。大数据的快速处理能力充分体现出它与传统的数据处理技术的本质区别。

4. 价值密度低

大数据由于体量不断加大，单位数据的价值密度在不断降低，然而数据的整体价值却在提高。以监控视频为例，一小时的视频中，有用的数据可能仅仅只有一两秒，但是却会非常重要。现在许多专家已经将大数据等同于黄金和石油，这表示大数据中蕴含了无限的商业价值。中商产业研究院发布的《2020—2025 年中国大数据应用行业研究报告》显示，我国产生的数据量将从 2018 年的 7.6ZB 增至 2025 年的 48.6ZB，年复合增长率（CAGR，Compound Annual Growth Rate）达 30.35%，超过美国同期的数据产生量约 18ZB。另外，随着相关技术的不断突破和大数据产品的相继落地，我国大数据市场产值不断提升，2020 年超万亿元，大数据正迎来发展黄金时期。

未来几年，在广大现有和新兴细分市场中，大数据市场仍将呈现强劲的增长势头，通过对大数据进行处理，找出其中潜在的商业价值，将会产生巨大的商业利润。

拓展知识 1-2：《"十四五"大数据产业发展规划》解读

当然，随着信息技术的发展和时代的变化，大数据还具备了其他的特征，"V"的列表也在持续扩大，如黏性高（Viscosity），指数据利用或集成的难度；易变性（Volatility），指数据变化的频率及数据有效性的持续时间。

（五）大数据的发展历程

大数据的发展历程总体上可以划分为 3 个重要阶段：萌芽期、成熟期和大规模应用期，如表 1-1 所示。

拓展知识 1-3：
大数据的发展历程

表 1-1　大数据的发展历程

阶段	时间	内容
第一阶段：萌芽期	20 世纪 90 年代—21 世纪初	随着数据挖掘理论和数据库技术的逐步成熟，一批商业智能工具和知识管理技术开始投入应用，如数据仓库、专家系统、知识管理系统等
第二阶段：成熟期	21 世纪前 10 年	Web2.0 应用迅猛发展，非结构化数据大量产生，传统处理方法难以应对，带动了大数据技术的快速突破，大数据解决方案逐渐走向成熟，形成了并行计算与分布式系统两大核心技术，谷歌的 CFS 和 MapReduce 等大数据技术受到追捧，Hadoop 平台开始大行其道
第三阶段：大规模应用期	2010 年后	大数据应用渗透各行各业，数据驱动决策，信息社会智能化程度大幅提高

二、旅游信息化及旅游大数据

（一）旅游信息化

信息化是现代旅游业的核心特征。旅游信息化是指应用计算机技术、信息技术、数据库技术和网络技术，整合各类旅游信息资源，使之成为旅游业发展的生产力，成为推动旅游业发展、提高旅游业管理水平的重要手段。

作为信息密集型产业，旅游业对信息和信息技术具有很强的依赖性，信息化是旅游业发展的内在要求与必然趋势。新环境下旅游业的竞争，实质上是按旅游信息化程度重新切分旅游市场蛋糕。旅游信息化是数字旅游的基础阶段，它通过对信息技术的运用来改变传统的旅游生产、分配和消费机制，以信息化的发展来优化旅游经济的运作，实现旅游经济的快速增长。

我国旅游行业信息化建设起步于改革开放初期，旅游信息化经历了萌芽期、起步期、成长期和扩张期四个发展阶段。

旅游大数据分析

萌芽期（1978年—1992年年初）

自改革开放以来，我国入境旅游的人数日益增多，入境游市场迅速发展，旅游信息化开始萌芽。1987年，中国民用航空计算机中心成立，为民航信息化提供了组织保障；7月，我国ICS系统（航空公司控制系统）初步建成，开始取代原有人工订票业务。北京建国饭店和上海锦江饭店等高级饭店开始引进国外计算机管理系统。1981年，国旅总社引进美国PRIME550型超级小型计算机系统，用于旅游团数据处理、财务管理和数据统计；1983年，国旅总社设立了中国旅行社领域的首家计算机中心，将旅游团队旅费结算纳入计算机管理系统，实现了财务电算化；1992年，国旅总社通过与澳大利亚JETSET联网运营加入了全球预订系统（GDS）。

起步期（1992年年初—2001年年初）

国内旅游市场也开始蓬勃发展，与入境游共同构成我国旅游业的两个车轮。1994年，我国接入国际互联网，开启了互联网时代。同年，国家旅游局信息中心成立，旅游电子政务工作有了组织保障。中国航空结算中心推出航空收入结算系统、航空货运系统。1997年，国旅总社参与投资的华夏旅游网成立，开创了我国旅游网站的先河。随后，相应的旅游电子商务专业公司开始涌现。艺龙旅行网、携程旅行网、阿里巴巴、易趣网和8848等一大批电子商务网站纷纷创立。同阶段，我国旅游IT厂商也开始涌现，老爷电脑、泰能软件、西软科技、奥普软件、中软好泰、石基信息等IT厂商相继成立。

成长期（2001年年初—2009年11月）

2001年，我国加入WTO，旅游业也获得快速发展，入境游、国内游、出境游成为旅游业的"三驾马车"。Web2.0时代，互联网发展进入新时期，一大批社会化媒体公司纷纷成立。2004年Facebook成立、2006年Twitter正式上线、2009年新浪微博开始内测。云计算、物联网、移动互联网等一大批新技术纷纷出现。2005年4月，中国民航信息网络股份有限公司（中国航信）与国际航空运输协会（IATA）签署了"简化商务"战略合作协议，提出要在国内实现100%BSP（中性）电子客票，到2008年我国民航业实现了100%电子客票，推动了旅游电子商务的发展。2005年，酒店信息化也进入了云计算时代。例如，锦江之星酒店推出的锦江酒店集团网络版 CRS（中央预订系统）上线；2007 年，出现了中国酒店行业第一个基于 SaaS 模式的产品"中软酒店管理系统 SaaS 版"。2004 年，黄山和九寨沟被纳入国家"十一五"科技攻关计划重点项目子课题《数字景区示范工程》；2006 年年初，北京八达岭等 18 处风景名胜区被确定为数字化建设试点单位；同年，建设部出台《国家重点风景名胜区数字化景区建设指南（试行）》。2005 年，国旅总社上线电子商务平台，中青旅与美国胜腾集团联手打造了遨游网；2007 年，中青旅将遨游网和青旅在线合并成立了中青旅遨游网。2006 年，芒果网站正式开业。这一阶段，携程网、艺龙旅行网、同城网、去哪儿网、途牛、到到网等一大批旅游电子商务网站相继成立。

扩张期（2009 年 12 月至今）

随着云计算的快速发展和 ICT 专业服务能力的不断提升，旅游信息化由自给自足的 IT"自然经济"转换为 IT"商品经济"，旅游企业可以像使用水电一样使用 IT，旅游信息化的建设门槛大大降低。旅游企业整合原有信息系统，实现各业务信息系统的无缝连接，增强各系统间的兼容性，提高数据传输的实时性。随着信息化的深入发展和企业转型升级压力的增大，租车公司、酒店、景区、旅行社等旅游企业迫切需要利用互联网平台加强市场营销。2011 年后，我国无线旅游开始蓬勃发展，航空公司、经济型酒店、旅游电商纷纷推出手机客户端，一大批 App 创业公司迅速涌现。社会化媒体开始与电子商务融合，SNS、微博、微信、类 Pinterest 网站成为旅游电子商务的重要入口。各种智能终端、二维码、LBS、物联网、云计算技术在旅游信息化领域得到初步应用。随着智慧城市、智慧旅游的大力推进，旅游信息化向智慧化方向高速发展。

（二）智慧旅游的发展

"智慧旅游"是一种以物联网、云计算、下一代通信网络、高性能信息处理、智能数据挖掘等技术在旅游体验、产业发展、行政管理等方面的应用，使旅游物理资源和信息资源得到高度系统化整合和深度开发激活，并服务于公众、企业、政府等面向未来的旅游形态。它以融合的通信与信息技术为基础，以游客互动体验为中心，以一体化的行业信息管理为保障，以激励产业创新、促进产业结构升级为特色。对游客来说，就是利用移动云计算、互联网等新技术，借助便携的终端上网设备，主动感知旅游相关信息，并及时安排和调整旅游计划。简单地说，就是游客与网络实时互动，让游程安排进入触摸时代。

智慧旅游利用信息化的技术，把一些旅游资源进行整合，然后为广大游客量身定做，提供适需对路的旅游产品。例如，澳门2012年接待内地游客1000多万，它的信息平台能够体现各省的具体人数及排名。而当时大陆许多旅游城市每年接待的游客数量远高于澳门旅客人数，可他们分别都来自哪里、各有多少人，对这些信息，旅游城市相关行政管理部门及旅游企业都不清楚；客源地构成情况、游客指向及发展趋势也不明朗。因此，很难开发出具有针对性、适销对路的旅游产品。

江苏省镇江市于2010年在全国率先创造性地提出"智慧旅游"概念，开展"智慧旅游"项目建设，开辟"感知镇江、智慧旅游"新时空。智慧旅游的核心技术之一"感动芯"技术在镇江市研发成功，并在北京奥运会、上海世博会上得到应用。中国标准化委员会批准"无线传感自组网技术规范标准"由镇江市拟定，使得镇江市此类技术的研发、生产、应用和标准制定在全国处于领先地位，为智慧旅游项目建设提供了专业技术支撑。在2010年第六届海峡旅游博览会上，福建省旅游局率先提出"智能旅游"概念，并在网上建立"海峡智能旅游参建单位管理系统"。福建启动了"智能旅游"的先导工程——"三个一"工程建设，即"一网"（海峡旅游网上超市），"一卡"（海峡旅游卡，包括银行联名卡、休闲储值卡、手机二维码的"飞信卡"，以及衍生的目的地专项卡等），"一线"（海峡旅游呼叫中心，包括公益服务热线和商务资讯增值预订服务热线）。海峡旅游银行卡2010年已面向福建省内外游客发行；海峡旅游呼叫中心新平台也于2011年1月1日正式开通试运行。

2011年，南京、苏州、黄山、洛阳等城市纷纷启动"智慧旅游"建设，相继打造智慧化的旅游服务，致力于做强旅游产业，促进旅游产业快速健康发展。南京市重点为来宁游客提供更便捷、智能化的旅游体验，为政府管理提供更高效、智能化的信息平台。苏州市旅游局打造以智能导游为核心功能的"智慧旅游"服务，通过与国内智能导游领域领先的苏州海客科技公司进行充分合作，将其"玩伴手机智能导游"引入到"智慧旅游"中，大幅提升了对来苏游客的服务品质。黄山旅游局建立的智慧旅游综合调度中心，主要由"旅游综合服务平台"和"旅游电子商务平台"（途马网）构成。洛阳建成了洛阳旅游体验网、洛阳旅游资讯版、洛阳旅游政务版，以及英、日、法、俄、韩、德6个语种的外文版旅游网站。同年洛阳牡丹文化节期间，洛阳市旅游局还与洛阳移动公司联合推出电子门票，开通新浪洛阳市旅游局官方微博等，形成立体交叉的互联网、物联网旅游服务体系，初步打造出"智慧旅游"的基础设施。

2012年年初，南京市旅游局全力推进"智慧旅游"项目建设，项目分为6个部分，建成后，凡是使用智能手机的游客，来南京后都会收到一条欢迎短信。游客根据短信上的网址，可下载"游客助手"平台，该平台分为资讯、线路、景区、导航、休闲、餐饮、购物、交通、酒店9大板块，集合了最新的旅游信息、景区和活动介绍、自驾游线路、商家促销活动、实时路况、火车票等信息。安装后，用户可以根据需要享受在线查询、预订等服务。南京玄武区旅游局与海客科技公司合作，全力建设本区内著名旅游景点的手机端智慧旅游。

2015年1月10日，国家旅游局印发《关于促进智慧旅游发展的指导意见》。该意见指出：到2016年，建设一批智慧旅游景区、智慧旅游企业和智慧旅游城市，建成国家智慧旅游公共服务网络和平台。到2020年，我国智慧旅游服务能力明显提升，智慧管理能力持续增强，大数据挖掘和智慧营销能力明显提高，移动电子商务、旅游大数据系统分析、人工智能技术等在旅游业应用更加广泛，培育了若干实力雄厚的以智慧旅游为主营业务的企业，形成了系统化的智慧旅游价值链网络。

（三）旅游大数据及其发展历程

旅游大数据就是在旅游的"食、住、行、游、购、娱"六要素领域所产生的数量巨大、传播快速、类型多样（有结构化数据和非结构化数据）、富有价值的数据集合，并且可以通过大数据技术（如云计算、分布式存储、流运算、大数据算法、NoSQL数据库、SOA架构体系等）进行数据相关性分析和数据可视化，从而使游客的决策更加有效、便捷，以提高游客的满意度。从广义上来讲，旅游大数据是指旅游行业的从业者及消费者所产生的数据，包括景区、酒店、旅行社、导游、游客、旅游企业等产生的数据，以及影响旅游行业的其他领域所产生的数据，如旅游宏观经济数据、旅游气象环保数据、交通数据、网络舆情数据等。其中，游客的数据最为重要、应用价值最大。

旅游大数据的发展离不开中国旅游信息化的积累。随着旅游信息化的发展，旅游行业逐渐实现了数字化。早在 1984 年，中国旅行社总社就引进了美国 IBM XT 等个人计算机，在旅游接待中用个人计算机来处理一些电子文档。到了 1992 年，当时中国最大的国内旅行社——上海春秋国际旅行社，构建了一套基于 Novel 网络的计算机旅游产品分销预订系统，将其总部设计的各类旅游线路产品通过网络实时占位、预订分销，建设了全国 41 个城市都可分销上海总部产品的业务流程。1996 年，互联网和万维网的概念和技术进入中国，大型旅行社和中外合资的星级宾馆都开始使用电子邮件代替原来的传真和电传来开展入境旅游和出境旅游业务，并执行酒店预订、确认等业务操作。

1999—2000 年，携程旅行网在中国推出了第一个基于互联网的旅游在线预订网站。当时携程旅行网在构建 Ctrip.com 互联网预订之外，还收购北京现代运通旅游服务公司的呼叫中心，并以此构建携程的呼叫中心（Call-Center）体系。那时，携程旅行网的订房订票业务有近 70% 是被呼叫中心引流来的。2003 年的非典疫情第一次触发了业务从线下转线上的浪潮。2004 年之后，携程旅行网的在线预订 Web 端已经超过呼叫中心，业务量占到总量的近 70%。2008 年，随着苹果智能手机和装有安卓操作系统智能手机的全面普及，移动互联网旅游预订平台不断涌现，如去哪儿旅行网、艺龙旅行网、飞猪旅行网、美团旅行。这些新生的旅游在线预订平台的兴起对已经取得领先优势的携程旅行网造成了巨大的冲击。2013 年，携程旅行网重点突破移动互联网技术。经过不懈的努力和技术创新，以及一系列的收购兼并，携程旅行网走向了世界，同时实现在线预订 70% 在智能手机端的业绩。

2017 年开始，智慧旅游进一步提升到"云大物移智"新高度。同年，上海旅游局构建了全国领先的旅游信息管理平台，2018 年海南省旅游和文化广电体育厅主持开发了海南省智慧旅游监管平台。到 2020 年，湖北省荆州市启动开发基于数据管理平台 DMP 技术的智慧旅游大数据平台。

随着大数据技术越来越普遍应用于旅游行业，我国智慧旅游服务能力明显

项目一 认识旅游大数据

提升，智慧管理能力持续增强，大数据挖掘和智慧营销能力明显提高，移动电子商务、旅游大数据系统分析、人工智能技术等在旅游业中的应用更加广泛，若干实力雄厚的以智慧旅游为主营业务的企业成长起来，形成了系统化的智慧旅游价值链网络。

拓展知识1-4：关于智慧旅游的相关政策

中国旅游业数字化发展历程如图1-4所示。

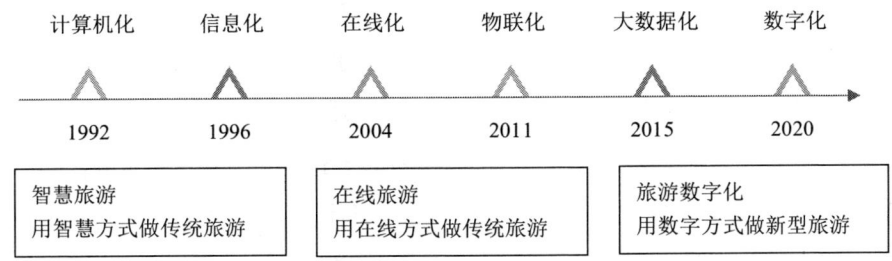

图1-4 中国旅游业数字化发展进程

[任务实施]

查阅资料，通过制作思维导图的方式，强化对旅游大数据及其特征的理解。

[任务总结]

通过本任务的学习，学生能够识别旅游大数据并举例说明。

[任务实训]

1. 实训目的

制作表格，表格内注意列清旅游大数据与大数据、数据的异同。

2. 实训要求

根据所学知识，填写表1-2。

表 1-2 数据、大数据、旅游大数据的异同

	相同点	不同点
数据		
大数据		
旅游大数据		

3. 自我评价

通过实训，进行自我评价，评价量表如表 1-3 所示。

表 1-3 数据、大数据、旅游大数据异同评价量表

评价要素	评价标准		
	优秀	良好	合格
数据、大数据、旅游大数据异同	准确总结出数据、大数据、旅游大数据三者的异同	能准确总结出大数据与数据的异同	准确总结出数据、大数据、旅游大数据三者的相同点

任务 2　旅游大数据的分类

[任务描述]

借助网络资源与图书资料等，学习旅游大数据的分类，理解旅游大数据的不同分类依据，了解每种分类数据的来源。

[任务目标]

- 清楚旅游大数据的分类及常见的旅游大数据。
- 思考如何有效利用旅游大数据及数字技术赋能新生活。

[知识准备]

一、从企业角度分类

从企业角度，旅游大数据可分为第一方数据、第二方数据和第三方数据。

第一方数据主要是指企业自有的数据，这些数据在推广和精细化运营上都有着极大的作用。简言之，第一方数据是企业自己收集的消费者信息。换句话说，即"拥有"。第一方数据主要来自两块，第一块来自 CRM（客户关系管理系统），已有客户和意向客户数据都会放在 CRM 里面，这个数据非常宝贵。第二块主要来自广告投放的监播，还有广告流量的落地环节，这些环节被称为触点，触点其实就是指企业所拥有的小程序、App 网站、H5 页面服务号之类的，跟消费者能够发生更进一步交互的平台。

第二方数据一般指的是跟企业有合作关系的媒体的数据，这个数据可用而不可得。比如，阿里的数据对企业来说就是第二方数据，如果获得阿里品牌数据银行的账号，就能知道某个特定人群的特征，但不能知道其中个体的数据，企业不能将里面的数据提取出来，所以虽然获得了账号，但仍然无法取得阿里品牌数据银行的数据，同样像百度的观星盘、腾讯DMP、阿里的达摩盘都属于第二方数据，这些数据只允许使用，也就是说数据使用权和所有权是分开的。

第三方数据是指一些数据交易平台的数据，主要是对于第一方数据的增强，如上海数据交易中心、talking data、个推等，他们在收到数据以后再把这些数据进行重新组合，然后提供给广告主使用，这是一种可用而不可得的数据。

二、依据数据产生的地理空间分类

依据数据产生的地理空间，可将旅游大数据分为本地数据和外部数据两大类。

本地数据指目的地所在辖区内产生的数据。本地数据主要包括目的地相关的交通、住宿、餐饮、娱乐、购物等多种业态产生的数据。

外部数据主要包括移动通信运营商信令数据、互联网在线数据和其他行业（非本地）数据。

（一）运营商信令数据

运营商信令数据是用户因通信行为产生的数据，它是运营商的数据源，包括身份数据、用户实时的上网行为、实时的位置数据、基于通信的社交数据等。

运营商信令数据是基于人的数据，例如只要手机一开机，并且手机屏幕上显示出运营商（中国移动、中国联通、中国电信）字样，信令数据就开始被记录了。之后，客户使用手机拨打或接听电话、发送或接受短信、上网浏览网页等所有通讯行为，都会向手机附近的基站发送通信信息，由于通信基站的位置是固定且已知的，所以基站的位置信息就反映了用户的位置，因此信令数据字段中始终带有时间和位置等信息。

与传统数据相比，运营商信令数据在某些方面有不可替代的优势。传统数据，如统计局的人口数据、铁路部门公布的年运输量数据等，大多是基于统计的数据，几乎是静态的，而且某些传统数据受限于数据获取方式，只能是抽样数据。另外，通常获取数据需要耗费大量人力物力。相对传统数据，运营商信令大数据几乎是全样本的，而且是随时随地地动态获取。而且，相对于传统数据，运营商信令大数据获取的成本很低廉。

（二）互联网在线数据

互联网在线数据主要来源于以 BAT（百度、阿里巴巴、腾讯）为代表的互联网公司，以携程、途牛为代表的 OTA（Online Travel Agent），以抖音、微博、小红书为代表的社交网络平台，以及以美团为代表的综合性本地化生活服务类平台。

其中 OTA 是指在线旅行社，是旅游电子商务行业的专业词语。"啤酒和尿布"这个耳熟能详的案例大家一定听说过，全球零售业巨头沃尔玛公司在对消费者购物行为进行分析时发现，男性顾客在购买婴儿尿片时，常常会顺便搭配几瓶啤酒来犒劳自己，于是推出了将啤酒和尿布捆绑销售的促销手段。这是一个典型大数据应用案例，啤酒和尿布这两个毫不相干的商品因为大数据分析而凑到一起，竟然相得益彰。中国旅游电商发展十多年，旅游网络服务商积累了大量预订、交易、客户及访问数据，这里面也应该有许多"尿布啤酒"式的"宝贝"。

如今，OTA 基本都在做平台，主要就是增加旅游产品的丰富度，同时将海内外目的地、短中长线旅游产品等要素一网打尽。实际上与一般电商相比，旅游电商平台还需要旅游产品要素组织能力，以吸引游客的关联预订比重，主要前提是对大数据的占有和分析，这是衡量旅游电商平台的核心依据。

（三）其他行业数据

这类数据主要是指如中国民航信息网络股份有限公司、中石油、银联卡、医院等行业数据。

三、依据数据信源分类

依据数据信源，旅游大数据可分为内部信源和外部信源。

内部信源，也就是来自内部的数据，如旅游景区的门票闸机系统、OA 办公系统、三维 GIS 系统、应急处理系统等；外部信源，主要有互联网资讯数据 PGC、互联网网民数据 UGC、电信蜂窝位置数据、手机 LBS 位置数据、游客交易数据等。

信源按发布者又可划分为 UGC、PGC 和 OGC。其中，UGC（User-generated Content），即用户生产内容，是指用户将自己原创的内容通过互联网进行展示或者提供给其他用户，如微博、朋友圈、知乎、豆瓣（即用户通过自己的关注列表形成各自的信息流，内容上用户自己生产自己消费）。PGC（Professionally-generated Content）即专业生产内容，由专业的内容发布者发布，如专业的视频网站（优酷、土豆）、电商媒体、新闻网站、报纸、期刊。OGC（Occupationally-generated Content）即品牌生产内容，是指由有一定知识和专业背景的行业人士生产内容，并且这些人士会收取相应的报酬，如平台媒体的记者编辑，既有新闻的专业背景，也可以靠写稿为职业换取报酬。还比如，企业的官网，内容靠员工自愿采写，生产出来供用户浏览。

不同的信源支持不同的数据分析需求，比如调查使用者对产品的关注点和用户的使用意见，那就应该分析 UGC 内容，而不是媒体的观点。如果将新闻资讯作为信源进行分析，那很可能采集到的数据是企业发布的软文广告，是企业宣传的卖点，这样的数据对问题解决基本没有帮助。

信源按行业划分，可以找出很多行业垂直网站，如汽车类、母婴类、房产类、金融类等。如果想分析汽车产品，那汽车之家、易车网这样的信源可备注到信源工程里。

信源按地域划分，可分为全国网站、地方网站。如果想分析天津地区的旅游消费情况，那一定要规划天津本地的信源网站。

信源还有很多划分的依据，比如按信息载体划分，可分为视频类、音频类、图片类网站；还可以按用户群体划分，如 B 站的用户群体很多是二次元用户，电子商务类网站的用户群体特征也很明显，如京东、唯品会、淘宝、拼多多、网易考拉都有着不同的用户群体。

四、根据数据产生的主体分类

根据数据产生的主体，旅游大数据可分为 UGC、设备数据和交易数据。

其中，UGC，即用户产生的数据，如微博、贴吧、论坛、问答等；设备数据是从各类设备中收集的数据，如摄像头；交易数据包括搜索数据、订单数据等。

[任务实施]

通过表格的形式，总结旅游大数据的分类，强化学生对此问题的理解。

[任务总结]

通过本任务的学习，学生可了解旅游大数据的分类。

[任务实训]

1. 实训目的

了解旅游大数据有哪些分类，探讨旅游大数据的来源。

2. 实训要求

根据所学知识，结合网络信息检索，填写表1-4。

表1-4 旅游大数据的分类总结

分类依据	旅游大数据的分类

3. 自我评价

通过实训，学生进行自我评价，评价量表如表 1-5 所示。

表 1-5 旅游大数据分类评价量表

评价要素	评价标准		
	优秀	良好	合格
旅游大数据分类情况	对不同的旅游大数据有自己的见解	能根据不同的分类依据列举出相应的旅游大数据	能够列出旅游大数据的分类依据

任务 3　旅游大数据的应用场景

[任务描述]

借助网络资源与图书资料等，列举旅游大数据的应用场景，更加切实地体会身边旅游大数据的使用情况。

[任务目标]

- 了解旅游市场定位的过程及作用。
- 知道大数据在旅游市场营销中发挥的作用。
- 理解旅游产业监测与预测的必要性。
- 熟悉旅游大数据针对不同群体的应用场景。
- 明白在有效利用旅游大数据的同时，还要时刻警示自己营造健康安全的网络空间。

[知识准备]

一、旅游市场定位

旅游市场定位是指旅游企业根据目标市场上竞争者和企业自身的状况，从各方面为本旅游企业的旅游产品和服务创造一定的条件，进而塑造一定的市场形象，以求在目标顾客心目中形成一种特殊偏好的过程。要想实现旅游市场定位，就需要根据消费者明显不同的需求特征将整体市场的消费者分成若干个消费者群，每一个消费者群都对应一个具有相同需求和欲望的子市场，这个过程称为旅游市场细分。简单地说，旅游市场细分和旅游目标市场的选择是让旅游企业如何找准顾客，而旅游市场定位则是让旅游企业赢得顾客的"芳心"。

在大数据时代，借助数据挖掘和信息采集技术既能提供足够的样本量和数据信息，还能建立基于大数据的数学模型从而预测未来市场。某区域人口多少，消费水平和习惯如何，市场对产品的认知度如何等，这些问题背后的海量信息构成了旅游行业市场调研的大数据，对这些大数据的分析就是市场定位过程。

按旅游购买动机对旅游业市场进行细分及定位，可以将旅游市场分为以下几类。

（一）探亲/访友型旅游者市场

探亲/访友型旅游者有很强的目的性，其出行基本没有旅行社等旅游组织的参与，他们的旅游花费较低，比较重视旅游交通工具的选择，旅游多作为一种附带性的消费。对于这部分市场，旅游企业应随时做好准备，提供较为便利的交通服务。

（二）度假/休闲型旅游者市场

这类旅游者经常提前很长时间预订客房，对不同的质量水平都能接受，目的很灵活，对饭店是否有名并不关心，经常在目的地度周末，价格弹性高。对于这部分市场，旅游企业应提供全程服务。

（三）观光游览型旅游者市场

这类旅游是最为传统、最为普遍的一种旅游形式，拥有最广泛的客户群，旅游成本相当低廉，基本属于短暂的一次性旅游，旅游形式和经济消费的关联性最差。

由于观光型旅游在吸引旅游者方面具有特定优势和便利条件，所以这种旅游形式对整个旅游产业发展的基础和辅助作用是不容忽视的。旅游开发的起步阶段，适度发展观光型旅游往往是必要的，但观光型旅游大多数情况下不适于作为主导的旅游市场定位。在以观光旅游打开市场后，为谋求进一步的发展，必须在旅游市场的深度开发上做文章。

（四）商务/出差型旅游者市场

这类旅游者经常临时订购客房，对客房服务质量的期望比较高，目的地很明确，对饭店的星级标准和地理位置要求也高，一般在周末时间返回，价格弹性较低。

这类旅游者目的性很强，他们的出行方式不会借助任何旅行社和旅游组织，同时他们的出行时间也是受限的。针对这部分消费群体可以对他们的特殊需求提供高质量的服务，如在办公的时候提供高质量的住宿和餐饮服务。

（五）健康医疗型旅游者市场

这类旅游者的目的比较明确，通常会选择气候比较温和、远离喧闹地点、安静、空气清新的地区出行，对旅游资源的质量要求较高，对旅游地的设施有一定的要求。这种旅游方式已不仅局限于老年人，对于现在的白领及生活水平更高的金领和精英阶层来说，也是一种更好的休养方式。他们对衣食住行等各方面的卫生要求较高，对景区的空气质量要求也高，不但要无污染，而且景区特色程度也要符合旅游者精神上的追求。

（六）其他目的型旅游者市场

这类旅游者一般从事摄影、绘画工作，他们为了创作出更好的作品，奔波在世界各地的美景中，这是物质和精神的双层次追求。还有一部分旅游者为了爱好，一辈子都行走在世界各地。这部分旅游者属于衣食无忧，并且没有其他生活压力的人群，旅游主要是他们精神层面的追求。

二、旅游行业市场营销

旅游行业市场营销工作的每一项都与大数据的采集和分析息息相关，而以下内容又是旅游行业市场营销工作的重中之重。一是通过获取数据并加以统计分析来充分了解市场信息，掌握旅游市场的动态，知晓产品的市场地位。二是旅游企业通过积累和挖掘旅游行业数据，分析旅游者的消费行为和价值取向，以便更好地为其服务和发展忠诚对象，并进行精准营销。三是对营销内容的分析，内容营销是以图片、文字、动画等介质传达有关企业的相关内容给客户以促进销售，从而实现网络营销的目的。他们所依附的载体，可以是企业的Logo（VI）、画册、网站、广告，甚至是T恤、纸杯、手提袋等，载体不同，传递的内容也各有不同。四是对营销渠道的分析，其中精准营销需要从品牌评估、选取投放客群、选取投放渠道、精准投放、营销审计、营销效果评估等几方面着手。

三、旅游产业监测与预测

需求预测是通过对大数据的统计与分析，采取科学的预测方法，建立数学模型，比如对客流进行监测与分析，得到未来客流的趋势以及空间分布等，使企业管理者掌握和了解旅游行业潜在的市场需求、未来一段时间每个细分市场的产品销量和价格走势等，从而使企业能够通过价格的杠杆来调节市场的供需平衡，并针对不同的细分市场实行动态定价和差别定价。

同时利用大数据进行旅游情绪监测，具有发现快、信息全、分析准的优势。可在第一时间发现旅游负面舆情，自动收集、呈现相关信息，以便全面了解民意民情动态，及时反映最新舆情信息。旅游情绪监测支持对互联网全网数据及重点App进行实时数据监测，信源类型包括新闻资讯、各大自媒体平台（如微博、微信、抖音、小红书等）、论坛、贴吧、OTA（如携程、美团、去哪儿等），通过自行研发的NLP算法对相关数据进行智能处理，对舆情事件进行监测、甄别、标注，并及时通过微信进行推送，事件分析结果可形成可视化报告，为旅游目的地提供及时、全方位的舆情服务。

四、大数据创新旅游行业需求开发

收集网上旅游行业的评论数据，建立网评大数据库，然后再利用分词、聚类、情感分析来了解消费者的消费行为、价值取向、网络评论中体现的新消费需求和企业产品质量问题，以此改进和创新产品，量化产品价值，制订合理的价格，提高服务质量，从中获取更大的收益。比如，潜在客流分析、旅游资源分析、目的地形象感知、目的地品牌评估、热点旅游产品分析、竞争监测等都属于大数据对旅游行业需求的开发创新。

[任务实施]

步骤一：阅读案例

全国旅游监管服务平台

全国旅游监管服务平台是中华人民共和国文化和旅游部下设的一个平台，

该平台集大数据监管和开放式服务于一体，是投诉审批顺畅高效、事中事后监管智能化、信息互联互通的政务平台。

2016年6月，全国旅游监管服务平台启动建设。2018年7月1日，全国旅游监管服务平台在全国全面启用，标志着中国旅游市场监管加快向信息化、智能化转变。该平台目前已建成旅行社资质、导游管理、团队管理、电子合同、投诉举报、案件管理、权限管理等功能模块。

图1-5　全国旅游监管服务平台官方网站截图

步骤二：查阅相关资料

如旅行社资质或导游证号等相关资料。

步骤三：案例分析

该平台通过对行政审批和事中事后监管产生的大数据进行归集，使数据实现融通、集成及共享，方便进行市场监管常态分析和科学研判，实时掌握旅游经济运行状况。

该平台还将旅游消费者、从业者和监管者三者的数据融合到了一个平台中，旅游出行者可通过这个平台与从业者和监管者之间建立连接，实现多方面的数据互联互通，从而最大限度地保护旅游消费者的权益。

[**任务总结**]

通过本任务的学习，使学生了解旅游大数据的常见应用场景。

[任务实训]

1. 实训目的

结合已学的旅游大数据的应用场景知识,分析案例中的应用场景属于哪一种,激发挖掘应用背后大数据相关知识的兴趣。

2. 实训要求

参照本任务知识内容,针对下面案例进行分析。

舟山市旅行社综合管理平台

舟山市旅行社综合管理平台,通过采集景区相关数据(包括舆情、客流、消费等),对其进行处理、分析,将数据以可视化大屏方式呈现给景区,并形成纸质报告,以帮助景区提升管理水平。

图 1-6 舟山市旅行社综合管理平台截图

3. 操作步骤

根据[任务实施]中的步骤要求完成对该案例的分析。

4. 自我评价

通过实训,进行自我评价,评价量表如表 1-6 所示。

表 1-6 旅游大数据应用场景评价量表

评价要素	评价标准		
	优秀	良好	合格
了解旅游大数据的应用场景	能准确地总结旅游大数据的应用场景,并能提出新颖的想法	能准确地总结旅游大数据的应用场景	基本能够总结旅游大数据的应用场景,但需要进一步指导

项目二
旅游大数据分析流程

项目概述

在大数据应用中,尽管数据来源丰富,类型多样,应用需求也各不相同,但是其分析的基本流程是一致的。完整的数据分析流程可以理解为充分利用各种技术手段和辅助工具,以数据采集为起点,对来源广泛、结构各异的数据源进行抽取和集成,并将采集到的原始数据按照需求标准进行存储,然后利用数据分析软件对存储的数据进行分析,从中获取有用的信息,并将分析结果以恰当的方式展示给用户。旅游大数据分析的基本流程可以概括为数据采集、数据预处理、数据分析和数据可视化4个步骤。

旅游大数据分析

▎职业素养园地 ▎

大数据作为一个全新的技术领域，其相关法律法规的制定和完善需要经过一个漫长的过程。在数据处理活动中，每一个公民都应该守牢法治意识，恪守道德底线，保障数据安全，保护个人、组织的合法权益，维护国家主权、安全和发展利益。互联网是大数据的重要来源和载体，良好的网络环境是大数据行业向着积极、健康方向发展的保证。数据中蕴含着丰富的价值。大数据采集的质量与大数据处理的结果关系密切。如果网络数据造假，则会破坏信息数据的真实性，因此要强化网络空间治理，营造一个风清气正的网络空间。

▎思维导图 ▎

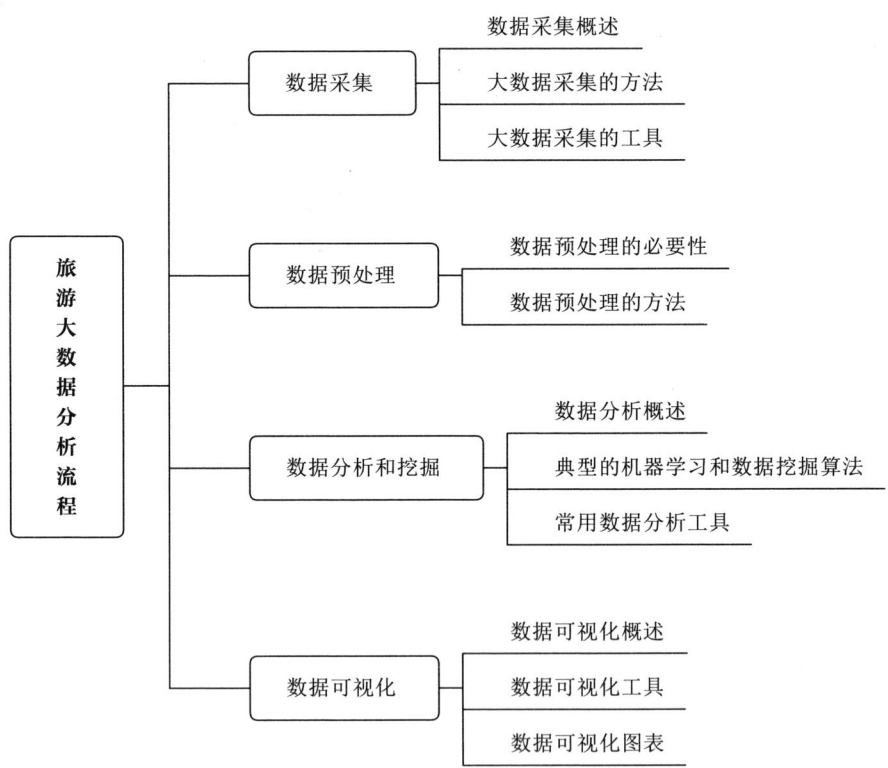

项目二
旅游大数据分析流程

任务 1　数据采集

[任务描述]

　　数据是大数据处理的对象，数据中蕴含着丰富的价值，被誉为继能源之后的又一重要资源。大数据采集是大数据处理流程的第一个环节，而大数据采集的质量又与大数据处理的结果紧密联系在一起，因此大数据采集就成了大数据处理环节中至关重要的一步。本任务将从大数据采集的特点、来源、方法、工具、流程5个方面进行学习。

[任务目标]

- 了解大数据采集的内容。
- 了解大数据采集的方法。
- 了解大数据采集的工具。
- 使用爬虫工具采集数据。
- 了解大数据产业在"十四五"规划中的战略地位。

[知识准备]

一、数据采集概述

（一）数据采集的概念

　　最早的数据记录和收集行为可以追溯到上古人类在木棍上刻痕或在绳子上打结来计数或记事，数字和计数法的出现进一步满足了人类累积丰富数据的需求。随着人类累积数据需求的逐渐增加，数字和计数系统应运而生，极大地提高了人类收集数据的能力。现代数据采集技术与计算机发展密不可分，由传器、计算机及系统软件所组成的数据采集系统使数据采集行为步入了自动化阶段。因此,传统意义上的数据采集就是指从传感器和其他待测设备中自动采集数据信息的过程。

随着计算机技术和互联网技术的飞速发展,人类迎来了数字大爆炸时代,人们的工作、生活、社交、消费等行为都以数字的形式被记录了下来。据统计,20世纪90年代初,全人类每天所产生的数据只有100G,时至今日,一个人每天产生的数据量大约为1.5GB。如此庞大的数据就像是一座金矿,等待着人们去开采,去发现数据中所包含的巨大价值。大数据技术中的数据采集,就是指通过技术手段把外部各种数据源产生的数据实时或非实时地采集、存储在数据库中并加以利用的过程。大数据采集的数据来源可以是传感器、智能设备、企业在线或离线系统、互联网和社交平台等。

大数据采集的数据类型多样,包括结构化数据、半结构化数据和非结构化数据。结构化数据是指存储在传统的关系型数据库中,可以用二维表结构来表示的数据。结构化数据通常情况下是先有结构,后有数据。非结构化数据顾名思义,就是没有固定结构的数据,像所有格式的办公文档、文本、图片、图像和音频/视频信息等都属于非结构化数据。对于这类数据,我们一般直接进行整体存储,而且一般存储为二进制的数据格式。半结构化数据也是结构化数据的一种形式,它并不符合关系型数据库或其他数据表的形式关联起来的数据模型结构,数据的结构和内容混在一起,没有明显的区分,因此,它也被称为自描述结构,简单地说半结构化数据就是介于完全结构化数据和完全无结构数据之间的数据。例如,HTML文档、JSON、XML和一些NoSQL数据库等就属于半结构化数据。

(二)大数据采集与传统数据采集的区别

大数据采集与传统数据采集存在着明显的区别。传统数据采集,其数据来源较为单一,数据量较小,大多采用关系型数据库进行存储、管理和分析。而大数据采集不仅包括传统数据业务系统中能够获取到的关系型数据,还包括从智能设备或传感器中获取到的半结构化数据和非结构化数据。从数据源方面来看,传统数据采集数据主要从诸如企业的客户关系管理系统、商品进销存管理系统、员工管理系统等业务系统中获取数据,数据来源单一;而大数据采集除了可以从上述系统中获取数据外，还可以从社交媒体、智能设备、网页及各种类型的机器设备的传感器上获取数据。从数据量方面来看，大数据采集系统获取到的数据量要远远大于传统数据采集获取的数据量。从数据结构方面来看，传统数据采集主要对象是结构化的数据；而大数据采集需要采集如网页、博客、弹幕、系统日志等半结构化的数据，以及如图片、音频、视频等非结构化数据。从数据存储方面来看，传统数据采集通常采用关系型数据库和并行数据仓库来进行存储；而大数据采集则采用分布式数据库进行存储。传统数据采集与大数据采集在以上方面的区别，总结后如表 2-1 所示。

表 2-1　传统数据采集与大数据采集的区别

	传统数据采集	大数据采集
数据来源	较为单一，数据量少	来源丰富，数据量大
数据类型	预定义类型，较为单一	数据类型丰富
数据结构	结构化数据	既包括结构化数据，也包括半结构化、非结构化数据
数据存储	关系型数据库和并行数据仓库	分布式数据库

（三）数据采集的数据源

大数据采集的主要数据来源包括以下几个方面。

1. 数据库

数据库是按照数据结构来组织、存储和管理数据的仓库。数据库历来是数据采集的重要来源之一。传统的企业管理系统通常采用关系型数据库，如 MySQL 和 Oracle 来存储、管理和分析数据，企业业务活动中的数据以行的形式被记录到关系型数据库的二维表中。随着大数据时代的到来，Redis、MongoDB 和 HBase 等 NoSQL 数据库也常用于数据的采集。企业通过在采集端部署大量数据库，并在这些数据库之间进行负载均衡和分片，来完成大数据采集工作。

2. 系统日志

系统日志采集主要是收集公司业务平台日常产生的大量日志数据，用以记录数据系统执行的各种操作行为或活动，供离线和在线的大数据分析系统使用。高可用性、高可靠性、可扩展性是日志收集系统所具有的基本特征。系统日志采集工具均采用分布式架构，能够满足每秒数百兆的日志数据采集和传输需求。很多互联网企业都有自己的海量数据采集工具，这些工具多用于系统日志采集，如 Hadoop 的 Chukwa、Cloudera 的 Flume、Facebook 的 Scribe 等。

3. 网络数据采集

网络数据采集是指通过网络爬虫或网站公开 API 等方式从网站上获取数据信息的过程。网络爬虫会从一个或若干初始网页的 URL（Uniform Resource Locator，统一资源定位符）开始，获得各个网页上的内容，并且在抓取网页内容的过程中，不断从当前页面上抽取新的 URL 放入队列，直到满足设置的停止条件为止（图 2-1）。这样就可以将非结构化数据、半结构化数据从网页中提取出来，存储在本地的存储系统中。

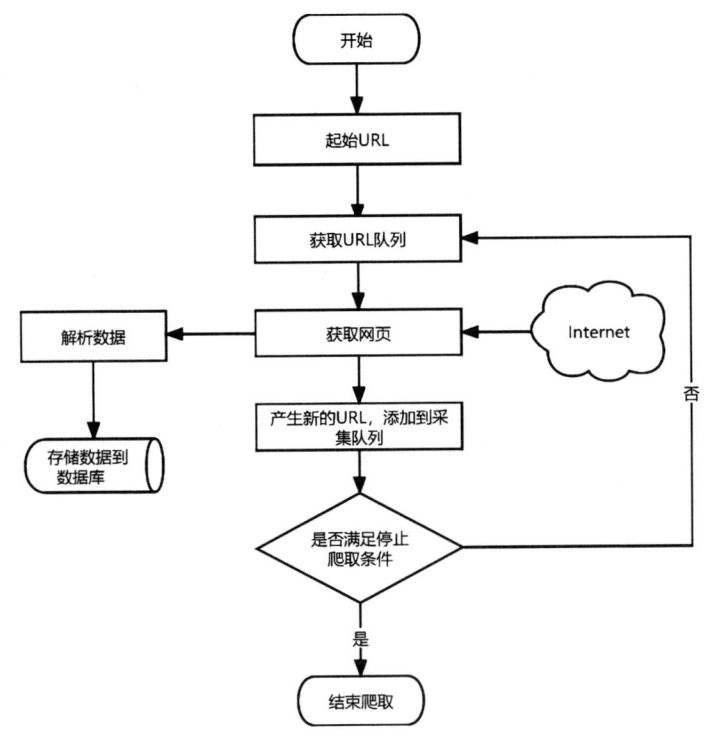

图 2-1　网络爬虫爬取数据流程

通过爬虫程序获取数据的流程如图 2-1 所示，具体步骤如下。

（1）爬虫程序以初始化的 URL 为目标地址，模仿浏览器发送 HTTP 请求。

（2）观察多个网页 URL 地址的变化规律，从而预测出所需爬取网页的 URL 并存储到地址库中，以供后续爬取页面时使用。

（3）爬虫程序根据 URL 地址库中的地址列表获取网页，并将数据存入页面数据库中。

4. 智能传感设备

智能传感设备数据采集是指通过传感器、摄像头和其他智能终端自动采集信号、图片或录像来获取数据的过程。大数据智能感知系统需要实现对结构化、半结构化、非结构化的海量数据的智能化识别、定位、跟踪、接入、传输、信号转换、监控、初步处理和管理等，其关键技术包括针对大数据源的智能识别、感知、适配、传输、接入等。

二、大数据采集的方法

数据采集技术是大数据分析的重要组成部分，也是大数据处理的关键技术之一，常用的数据采集方法包括 ETL 采集和网页数据采集。

（一）ETL 采集

ETL 采集是指将数据从源端经过抽取（Extract）、转换（Transform）、加载（Load）到目的端的过程，简称 ETL。ETL 常用于数据仓库，目的是将企业中分散、凌乱、没有标准或标准不统一的数据整合到一起，为企业的决策提供分析依据。ETL 是商业智能项目的一个重要环节。ETL 采集流程如图 2-2 所示。

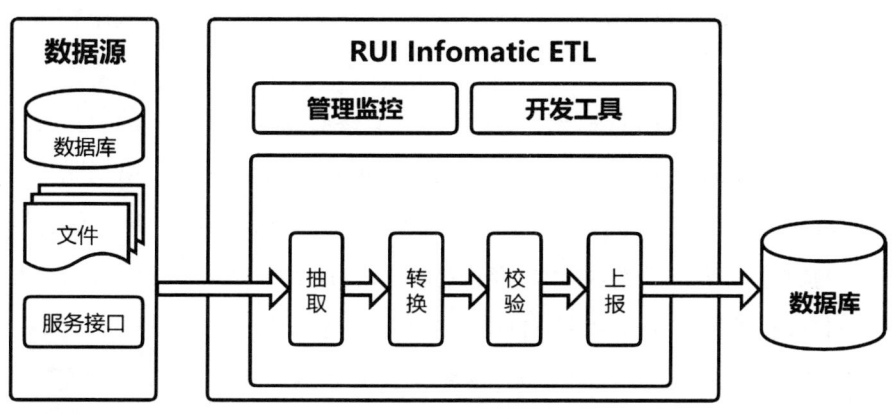

图 2-2　ETL 采集流程

ETL 的流程可以使用任何高级编程语言开发完成，但由于 ETL 开发是一个极其复杂的过程，现在越来越多的企业也倾向于采用工具来协助 ETL 的开发或使用第三方的 ETL 工具。ETL 工具的主要作用如下。

（1）从各种不同数据源（数据库系统或文件系统）中获取数据提供给用户。

（2）对数据进行必要的转换，更便于给用户一个好的使用体验。

（3）加载数据到目标系统。

（4）对元数据进行定义和管理，使数据更加规范。

（5）执行和管理作业并实现自动化。

（二）网页数据采集

网页是互联网数据最主要的载体之一，是大数据采集的重要来源。网页数据具有交互性、时效性、社会性、突发性、高噪声、多源异构等特点。通过网页采集的数据主要为半结构化数据或非结构化数据，这些数据以文本、图片、音频、视频等不同形式出现。基于关键字的通用搜索引擎往往存在着一定的局限性，如通用搜索引擎所返回的结果中包含大量广告和用户不关心的网页数据，缺乏对根据语义信息提出的查询，对非结构化数据不能友好地发现和获取等。

为解决上述问题，爬虫技术应运而生。网络爬虫，又称为网页蜘蛛或网络机器人，是一种按照一定的规则，自动地抓取万维网信息的程序或者脚本的工具，是获取网页数据的主要手段。目前，Python 语言因其简洁高效、有非常成熟的爬虫框架和丰富的解析网页所需的第三方库，而成为进行网络爬虫开发的首选语言。

使用 Python 进行网页数据采集涉及两个核心技术。第一，通过 URL 下载网页。在 Python 爬虫开发中，urllib 或 requests 是最常用的网络请求库，可以模拟浏览器的行为，向指定的服务器发送一个 http 请求，并能保存服务器返回的数据。第二，对网页内容进行解析、识别，然后进行结构化处理。BeautifulSoup 就是一个可以从 HTML 或 XML 页面中提取数据的 Python 库，它可以快速解析并查找整个 HTML 文档。此外，有些网站在获取页面时首先需要用户登录，Selenium 作为一个 web 自动化测试框架，可以用于模拟用户登录和获取页面中 JavaScript 动态数据，登录过程中如需输入验证码，可以通过 Pytesseract 模块对提供验证码的图片进行 OCR 识别，以获取验证码信息。Python 还提供了成熟的分布式爬虫框架 Scrapy，将爬取到的数据存储到 Redis、MongoDB 等数据库中。

三、大数据采集的工具

目前大数据技术已经广泛应用于各个领域。系统日志采集便是大数据采集的重要应用场景之一。很多公司都有自己的企业内部系统，这些系统在运行过程中每天都会产生大量的系统日志。对于公司而言，系统日志是非常宝贵的数据资源。以下介绍几种常见的日志采集工具。

（一）Flume

Flume 是 Cloudera 提供的一个高可用的、高可靠的、分布式的海量日志采集、聚合和传输的系统。Flume 支持在日志系统中定制各类数据发送方，用于收集数据；同时，Flume 也具备对数据进行简单处理，并写到各种数据接收方（可定制）的能力。Flume 的核心功能是把数据从数据源（Source）收集过来，再将收集到的数据送达指定的目的地（Sink）。为了保证数据传输过程的可靠性，在送达目的地之前，Flume 会先将数据缓存到管道（Channel），等到数据真正送达目的地后，再删除管道中缓存的数据，其过程如图 2-3 所示。

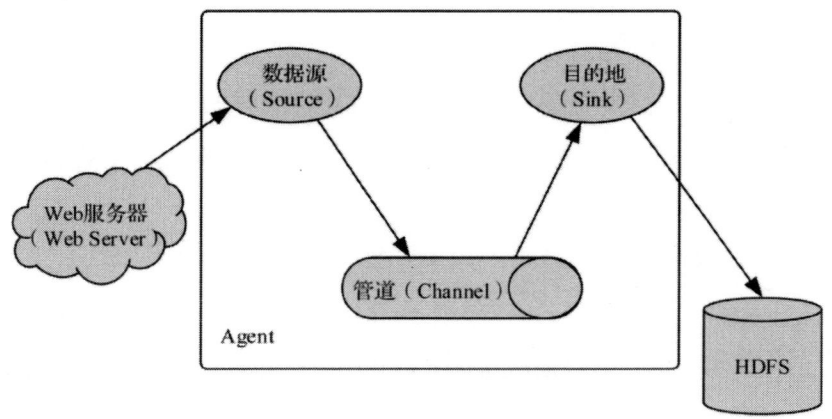

图 2-3　Flume 采集数据流程

（二）Scribe

Scribe 是 Facebook 开源的日志收集系统，在 Facebook 内部已经得到大量应用。它能够从各种日志源上收集日志，存储到一个中央存储系统（可以是 NFS，分布式文件系统等），以便于进行集中统计分析处理。它为日志的"分布式收集，统一处理"提供了一个可扩展的、高容错的方案。当中央存储系统的网络或者机器出现故障时，Scribe 会将日志转存到本地或者另一个位置，当中央存储系统恢复后，Scribe 会将转存的日志重新传输给中央存储系统。

如图 2-4 所示，Scribe 从各种数据源上收集数据，放到一个共享队列中，然后推送（push）到后端的中央存储系统上。当中央存储系统出现故障时，Scribe 可以暂时把日志写到本地文件中，待中央存储系统性能恢复后，Scribe 把本地日志重新传到中央存储系统上。

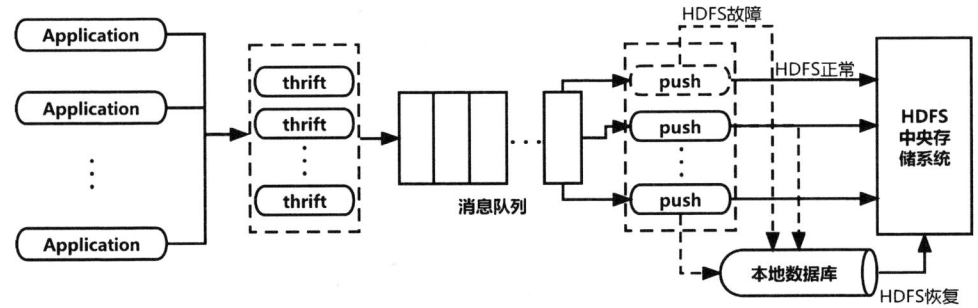

图 2-4　Scribe 收集数据流程

（三）Chukwa

Chukwa 是一个开源的用于监控大型分布式系统的数据收集系统，构建在 hadoop 的 hdfs 和 map/reduce 框架之上，还包含了一个强大、灵活的工具集，可用于展示、监控和分析已收集的数据。

以上三种数据采集工具主要应用于大型企业系统中日志信息的收集。对于中小型企业而言，来自不同的第三方平台和站点的数据是他们进行数据分析的重要对象。如何简单、高效地从这些平台和站点进行数据采集是一个亟须解决的问题。由专业的网络爬虫工程师开发爬虫程序进行数据采集，虽然可以解决这一问题，但开发周期长且开发费用也比较高。当前市场上诞生了一些适用于产品运营、市场分析、教学科研、电子商务等领域的网页数据采集工具，其中最具代表性的是八爪鱼数据采集。它内置了丰富的主流网站数据采集模板，提供了多种页面采集策略与配套资源，只需进行简单的自定义参数设置，就可以快速、自动地获取网站公开的数据，从而大大降低了网页数据采集的专业性，提高了网页数据采集的完整性与稳定性。

[任务实施]

携程旅行网是国内知名的OTA网站，包含了大量公开的景点、酒店、票务、攻略等信息数据，是企业进行商务分析的数据源之一。八爪鱼采集器可以方便、快捷地采集所需的数据，以下就是进行数据采集的具体流程。

操作视频2-1：
数据采集流程

步骤一：新建任务

安装并打开八爪鱼采集器，新建采集任务，将携程旅行网的URL "https://you.ctrip.com" 作为目标网址输入并保存设置。

步骤二：设置搜索内容

在主界面打开的携程旅行页面中点击"搜索框"，选择"操作提示"中的"输入文本"，并在文本框中输入要搜索的内容"上海"，点击"确定"按钮。在弹出的提示列表中选择"上海的全部景点，中国"，在操作提示中选择"点击该链接"。

步骤三：设置循环翻页

向下拖动页面直至出现翻页按钮，选择"下一页"，在操作提示中选择"循环点击下一页"；修改 Ajax 超时时间为5秒，使页面有充足的时间加载页面内容，以确保采集器采集数据的完整性，如图2-5所示。

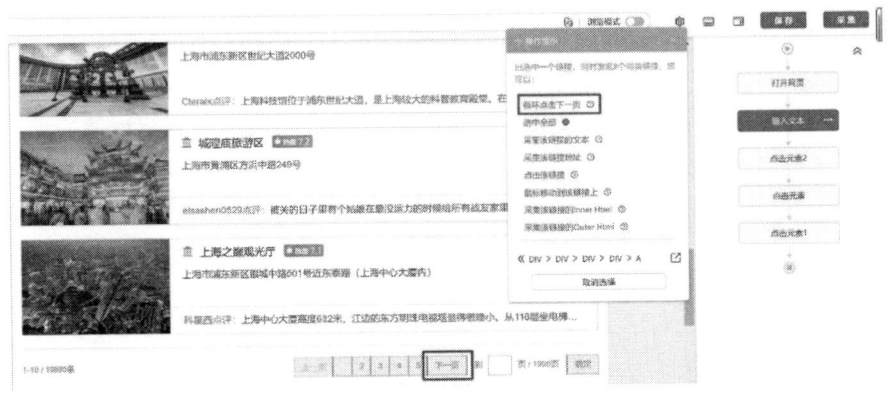

图 2-5 设置循环翻页

步骤四：选取"景点页面"列表

在页面搜索到的景点列表中，点击"东方明珠"（景点名称），此时列表中所有的景点名称都被选中，点击操作提示中的"选中全部"，再次选择点击操作提示中的"循环点击每个链接"。

步骤五：设置采集字段

在景点的详情页面中，选择景点标题"东方之珠"，在操作提示中选择"采集该元素文本"，此时在采集器下方的"数据预览"区域中，就可以看到添加的采集字段。双击"文本"，修改字段名称为"景区名称"。按照同样的方法添加景区等级、景区热度、景区评分等采集字段，如图 2-6 所示。

图 2-6 设置采集字段

对于大多数的文本字段而言，按照上述方式即可完成添加。但在一些特殊情况下，被采集数据的 HTML 元素中包含有多余的信息。比如，在采集景点评价数据时，直接采集的信息包含评价种类和数量两种数据。类似于这种情况，可以直接进行数据采集，在后续的数据预处理阶段再对数据的结构进行处理；也可以在设置采集字段阶段通过"替换"或"正则表达式"的方式直接获取到预期的数据。

可通过"点评总量"字段的设置来进行演示。按照常规方法选取页面中的"全部（131961）"作为字段"点评总量"的数据源，在数据预览区域可以看到该字段采集到的数据为所选 HTML 标签中的全部数据信息，在字段名称右上角菜单"更多字段操作"中选择"格式化数据"，在弹出的"数据格式化 – 文本"界面中点击"添加步骤"，并选择"正则匹配"。

打开"正则表达式工具"，分别设置字段开始和结束的符号位为"（"和"）"，点击"生成"按钮生成正则表达式，选中"匹配所有"复选框，点击"应用"按钮完成正则表达式设置，添加正则规则，点击"数据格式化 – 文本"区域的"应用"按钮应用该规则。按照同样的方式添加字段"好评数"和"差评数"。

步骤六：数据采集

至此，数据采集流程已设置完成，可以在采集器右侧的"采集流程图"中进行流程模拟，以及流程基础设置和更多的高级设置。确保采集流程正确无误之后，即可点击采集流程右上角"保存"按钮，保存该流程以供后期多次采集数据；点击"采集"按钮，选择"本地模式"开始数据采集。

步骤七：保存数据

采集完数据后，点击"保存"，即可将数据保存为本地文件或保存到指定数据库中。

[任务总结]

本案例使用八爪鱼采集器将"上海景区基本情况"作为采集内容，以景区名称、景区等级、景区热度、景区评分等内容为数据采集字段，进行原始数据的采集。通过本任务的学习，进一步熟悉数据采集的概念、内容、方法和流程。

[任务实训]

1. 实训目的

掌握数据采集的方法和流程。

2. 实训要求

参照本任务中［任务实施］阶段的案例，针对不同的数据采集需求进行原始数据的采集。

3. 操作步骤

根据［任务实施］中携程网上海景区基本情况采集示例，完成数据采集流程的设定，进行数据采集并保存结果。

4. 自我评价

通过实训，进行自我评价，评价量表如表2-2所示。

表2-2 数据采集自我评价量表

评价要素	评价标准		
	优秀	良好	合格
设定数据采集流程并完成数据采集	能够根据数据分析的目的，自主创新设定采集流程，丰富采集内容，高效完成数据采集	能够在课程案例基础上，优化数据采集流程，顺利完成数据采集	能够遵循课程案例展示步骤，完成数据采集任务

项目二
旅游大数据分析流程

任务 2 数据预处理

[任务描述]

通过数据采集工具或网络爬虫获取的数据，通常包含缺失值、异常值和重复记录等数值问题，会直接影响到数据分析结果的正确性，因而要对其进行预处理。数据预处理（Data Preprocessing），顾名思义是指在进行主要的数据分析前对数据进行的一些处理。数据预处理是数据分析前的重要环节，它直接影响到后期数据工作的质量和价值。本任务将从数据清洗、数据转换、数据规约、数据聚合、数据抽样等方面对数据预处理的具体环节进行讲解，然后对任务 1 中采集到的"上海景区基本情况"原始数据进行基本的预处理。

[任务目标]

- 了解数据预处理的内容。
- 了解数据清洗、转换和规约的方法。
- 具备数据预处理的基本能力。
- 了解大数据技术与旅游业的深度融合，为绿色生态旅游赋能。

[知识准备]

一、数据预处理的必要性

在数据分析过程中，直接采集到的原始数据通常是含有"杂质"的数据，主要有以下几个特性。

1. 数据不完整性

有效的数据应该具有一个实体描述的所有必需的部分。不完整性主要体现在数据重要属性值的缺失或不确定上。

2. 数据不一致性

由于大数据采集具有丰富的数据来源，不同源的数据缺乏同一标准，这就导致数据含义不一致，从而无法直接进行分析。例如，不同源的数据可能存在同一属性的命名格式、数据类型、数值范围不相同的情况。

3. 噪声数据

噪声数据是指数据采集中的随机错误或偏差，包括错误的值或偏离期望的孤立点值。噪声数据是无意义的数据，现实世界中的噪声数据始终存在，在进行数据存储及分析之前需要消除这些噪声数据。

4. 数据冗余性

采集的原始数据中有重复的数据记录或属性。

具有以上这些特性的数据是无法直接进行数据分析的，如果分析了其结果也会与实际情况相背离，有可能致使企业做出错误的决策。为了提高数据分析的质量，保证分析结果的正确性，就需要对采集到的原始数据进行预处理。

二、数据预处理的方法

数据预处理的方法有很多种，这里重点就数据清洗、数据集成、数据变换、数据归约进行讲解。

（一）数据清洗

数据清理通过填写缺失的值、光滑噪声数据、识别或删除离群点并解决不一致性来将"杂质"数据清洗掉，以达到如下目标：标准化格式，清除异常数据，纠正错误，清除重复数据，从而提高数据质量，优化数据分析的准确性和高效性。在数据清洗过程中，主要处理的是缺失值、异常值和重复值，即通过丢弃、填充、替换、去重等操作，达到去除异常、纠正错误、补足缺失的目的。

1. 缺失值处理

缺失值分为两种情况：一种是数据行的缺失，又称为数据记录缺失；另一种是数据列的缺失，又称为数据属性或字段缺失。丢失的数据通常情况下是无法找回的，对缺失值的处理主要有以下三种思路。

（1）丢弃缺失值

直接删除带缺失值的行记录或者列字段，减少数据缺失对整体数据的影响。但是丢弃数据意味着通过减少数据样本量来换取信息的完整度，这样会消减数据的特征。当原始数据中数据行缺失值的比例超过整体数据的10%，丢弃缺失值就意味着会损失过多的数据信息。此外，带有缺失值的数据记录存在着明显的数据分布规律特征，例如，带有缺失值的数据主要集中于某一类或几类标签。一旦删除这些标签，可能会导致模型对于这类标签的拟合或分类不准确。

（2）补全缺失值

相对于丢弃缺失值而言，通过把缺失的数据补上，形成更加完整的数据记录，以降低对原始数据集的影响，这是更加常用的缺失值处理方法。对于规模小且缺失值较少的数据集，可以采用人工填写的方式补全缺失值。而规模相对较大的数据集就需要通过数据建模的方式进行数据补全。对于数值型的数据，可以使用算术平均值、加权平均值、中位数等方法补全；对于分类型数据，可以使用众数补全。更多时候我们会基于已有的其他字段，将缺失字段作为目标变量进行预测，从而实现对缺失值的补全。

（3）真值转换

在一些情况下，我们无法得知缺失值的分布规律，因此也就无法对缺失值采用上述任何一种补全方法做出处理；或者基于缺失值也是数据集本身的一种规律的思想，不对缺失值随意处理，将实际值和缺失值都作为输入参与后续的数据分析。但缺失值无法直接参与数据分析模型的计算，会报错，因此就需要对缺失值进行真值转换，将一个变量的多种结果转换为多个变量的一种结果。

2. 异常值处理

异常值又被称为"噪声数据"，是指处于特定分布范围或区域之外的数据。异常值是原始数据集中的一种普遍现象，在对异常数据处理之前，要先分析异常值产生的原因。一些异常数据是由于业务原因产生的，是正常业务状态的反映，这称为假异常；还有一些异常并不是由于业务活动引起的，而是客观地反映了数据本身分布异常的个案，这称为真异常。大多数数据清洗工作中，异常值都会被认为是"噪声数据"而剔除，以免其对数据分析结果造成影响。消除"噪声数据"的方法如下。

（1）分箱方法

分箱方法是指通过考察周围的值来平滑存储数据的值，用"箱的深度"表示不同的箱里有相同个数的数据，用"箱的宽度"表示每个箱值的取值区间。由于分箱方法考虑相邻的值，因此是一种局部平滑方法。分箱的主要目的是去噪，将连续数据离散化，增加粒度。分箱方法按照取值的不同可划分为按箱平均值平滑、按箱中值平滑及按箱边界值平滑。

（2）回归方法

回归方法是采用一个函数来光滑数据，可以通过线性回归、逻辑回归等多种回归算法来找出两个属性的最佳曲线，使得通过一个属性能够预测出另外一个属性。回归方法会涉及多个属性，并且数据会拟合到一个多维面，使用回归找出适合数据的方程，找到它们的对应关系，就能够消除噪声数据。

（3）聚类方法

将类似的值组织成一群或者一簇，那么落在这个群或簇之外的点，就是离群点。一般，这种离群点就是异常数据，最终会影响整体数据的分析结果。因此，可以对离群点的一些数据做抛弃处理，这样也能够消除"噪声数据"。

但在一些情况下，如异常值反映了业务活动的结果，则围绕异常值展开数据分析；或异常值不会对数据分析结果造成影响，则无需对异常值做抛弃处理。

3. 重复值处理

数据中重复值主要包括两种情况。第一种是数据值完全相同的多条数据记录，这是最常见的数据重复情况。这种情况的处理方法比较简单，可以采取直接去重，保留能够显示特征的唯一的数据记录即可。第二种情况是数据主题相同，但匹配到的某个字段值不同。这种情况的处理方案比较复杂，需要结合实际情况来决定是否去重：如果两条或多条数据记录需要做整合，那么就需要一个整合字段来合并这些记录；如果需要同时保留这两条数据记录，那么此时就需要根据数据分析需求来确定处理规则。

（二）数据集成

数据集成是把不同来源、格式、特点、性质的数据在逻辑上或物理上有机地集中，以便更有效地分析和处理数据，提高数据的可操作性和价值，从而为企业提供全面数据共享的方法。

科学技术的发展加快了社会数字化和信息化的进程，企业活动所产生的数据以指数量级爆炸式增长。企业进行数据分析所需的数据可能来自许多独立的数据源，如企业自有的 CRM 系统、营销软件、面向客户的应用程序、网络流量、OTA 合作伙伴等。在大数据时代背景下，数据集成可以使企业对来自不同数据源的复杂且庞大的数据进行整合，形成完整和统一的数据集，允许用户以一致的方式对数据进行检索和分析。

数据集成过程中的核心问题就是为来自不同数据源的数据提供统一的视图，即统一的属性集。数据集成时有两种最常见的情况：其一，同名异义，即数据源 A 中某属性名字和数据源 B 中某属性名字相同，但所表示的实体不一样，不能作为关键字；其二，异名同义，即两个数据源某个属性名字不一样但所代表的实体一样，可作为关键字。数据集成往往造成数据冗余，可能是同一属性多次出现，也可能是属性名字不一致导致的重复。

（三）数据变换

对于重复属性应先做相关分析检测，如果存在，则将其删除。

1. 简单函数变换

简单函数变换是用来将不具有正态分布的数据变成有正态分布的数据，常用的有平方、开方、取对数、差分等。例如，在时间序列里常做对数或差分运算，将非平稳序列转化成平稳序列。

2. 规范化

规范化就是剔除掉变量量纲上的影响，比如，直接比较身高和体重的差异，如单位和取值范围不同，则不能直接比较。

3. 连续属性离散化

将连续属性变量转化成分类属性，就是连续属性离散化，特别是某些分类算法要求数据具备分类属性。常用的离散化方法有等宽法、等频法等。

（四）数据规约

数据规约是指在对挖掘任务和数据本身内容理解的基础上，寻找依赖于发现目标的数据的有用特征，以缩减数据规模，从而在尽可能保持数据原貌的前提下，最大限度地精简数据量。

数据规约能够降低无效错误的数据对建模的影响、缩减时间、降低存储数据的空间。数据规约包括属性规约和数值规约。其中，属性规约是寻找最小的属性子集并确定子集概率分布接近原来数据的概率分布的方法。数值规约是指用较简单的数据表示形式替换原数据，或者采用较小的数据单位，或者用数据模型代替数据以减少数据量。

[任务实施]

对于较小的数据集而言，Excel 是一个简单、友好，不需要额外程序设计能力，且仅需最基本的数据分析知识即可完成大部分数据预处理工作任务的数据处理工具。任务 1 获取的"上海景区基本情况"的原始数据集，包含有重复记录、值缺失、值错误、格式不规范等问题。本任务将使用 Excel 对数据集中存在的以上问题进行预处理。

操作视频 2-2：
使用 Excel 对数据进行预处理

步骤一：数据去重

重复的数据记录是采集的原始数据集中最常见的问题。在任务 1 中采集的"上海景区基本情况"数据集中，景区名称是用来区分不同数据记录的关键词，它的值用来唯一标识某一条记录。重复的景区名称意味着对同一景区数据进行了多次采集。对于这种情况，可以在找到重复记录后直接删除重复数据，保留唯一的数据记录。

1. 设置重复值格式

使用 Excel 打开"上海景区基本情况"数据集，选择"景区名称"所在的 A 列数据，在"开始"选项卡中点击"条件格式"，然后使用"突出显示单元格规则"下的"重复值"，并设置重复值的效果为"浅红填充色深红文本"。

2. 排序

将数据以"景区名称"为关键字，排序的次序选择"单元格颜色"，将步骤一中使用条件格式突出显示的重复值显示在所有数据顶端，按"确定"按钮进行排序，重复的数据记录会排列在一起并突出显示。

3. 删除重复值

对于突出显示的数据记录，除景区名称外，其他各项数据均相同，确定为数据获取过程中采集的重复记录。选择所有数据列，在"数据"选项卡中使用"删除重复值"功能，删除重复的数据记录，如图2-7所示。

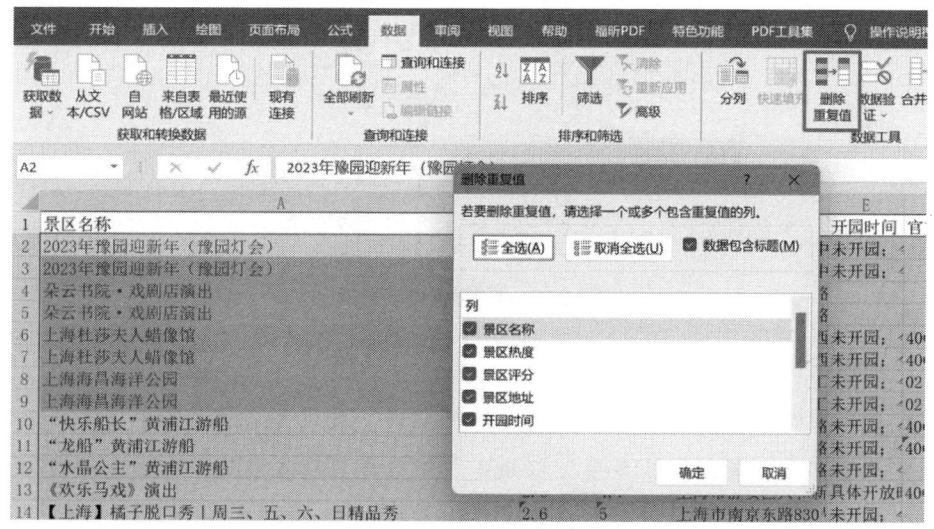

图2-7　数据去重

步骤二：数值格式化处理

在采集到的数据集中，有些数据字段的格式与预期不符，在进行数据分析前需要对数据进行格式转化。

1. 转换格式

数据集中的"景区热度""景区评分"字段默认格式为文本，不能够进行类似于数字字段筛选、均值、方差的分析。因此，需要将文字字段转化为数字字段。选择"景区热度""景区评分"字段除标题行以外的所有数据区域，在单元格左侧提示按钮的快捷菜单中选择"转换为数字"。

2. 提取数据

提取数据集中"点评总数""好评数""差评数"字段中的数据部分,这一目的可以借助 Excel 的智能填充功能轻松实现,从而避免了复杂的函数计算,大大提升了操作的便捷性。在"点评总数""好评数""差评数"字段后分别插入一个空列,用以存储提取的数据。在前面两个单元格连续手工输入要提取的数字,在第二个单元格输入数字时,系统会自动显示填充建议,此时只需按下回车键就可以了。智能填充后可以将原始数据列隐藏,以备后续使用,如图 2-8 所示。

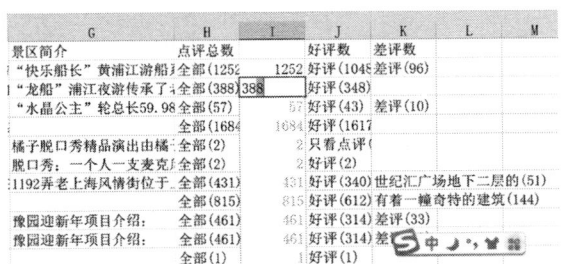

图 2-8 数据格式化处理

步骤三:缺失值处理

在采集的"上海景区基本情况"数据集中,发现部分景区的景区评分、总评数、好评数、差评数等多项数据缺失。经数据源站点确认,造成这一现象的原因是此类景区在站点中未开放景区点评功能。

1. 筛选

通过 Excel 的筛选功能,将"评论总数"为空白、"景区等级"为空白,且"景区热度"小于 4 的数据筛选出来。这些对应景区的数据记录因没有开发点评功能,因而没有对应的景区评分,且景区热度较低,可以排除出此次采集的数据集,直接将筛选的结果删除即可。

2. 分类汇总

通过上述处理后,部分数据记录的景区热度为空白,可以根据"景区评分"相同的同类数据记录的景区热度均值进行填充,在此使用 Excel 的分类汇总功能实现均值的计算。首先对数据集以景区评分进行排序,然后选择"数据"选项卡下的"分类汇总"功能。如图2-9所示,以"景区评分"作为分类字段,"平均值"作为汇总方式,"景区热度"作为汇总项进行分类汇总,将汇总后的"景区热度"均值填充到缺失"景区热度"数据字段的数据记录处。

图 2-9　缺失值处理

[任务总结]

　　这里使用任务1中所采集的"上海景区基本情况"原始数据为预处理对象,完成数据的重复记录、值缺失、数据格式化等数据预处理操作,将数据预处理的理论知识与实际操作进一步结合,加深学生对数据预处理的理解,提高学生数据预处理的能力。

[任务实训]

1. 实训目的

掌握数据预处理的方法和流程。

2. 实训要求

参照[任务实施]中的"上海景区基本情况"案例,针对原始数据中各种不同情况,采用合理方法完成数据预处理。

3.操作步骤

根据[任务实施]中"上海景区基本情况"原始数据，完成数据预处理相关步骤。

4.自我评价

通过实训，进行自我评价，评价量表如表2-3所示。

表2-3 数据预处理自我评价

评价要素	评价标准		
	优秀	良好	合格
数据预处理完成情况	能够综合原始数据情况、数据分析目标、统计学原理等多种因素，自主设定预处理方案，完成数据预处理任务	能够在课程案例基础上，灵活调整预处理方法，顺利完成数据采集	能够遵循课程案例展示步骤，完成数据预处理任务

项目二　旅游大数据分析流程

任务 3　数据分析和挖掘

[任务描述]

数据分析和挖掘是整个数据分析流程中最核心的内容。杂乱无章的数据并不能够直观地反映数据之间的关联及隐藏在这种关联性背后的价值。数据分析的目的就是要通过统计学的方法对数据中的信息进行提炼，发现潜在的规律，并应用这些规律帮助我们做出正确的判断，指导我们做出适当的反应与行为。

[任务目标]

- 了解数据分析的概念。
- 了解机器学习和数据挖掘算法。
- 了解常用的数据分析工具。
- 应用常用的数据分析工具进行数据分析。
- 了解数字中国的建设进程。

[知识准备]

一、数据分析概述

数据分析是指根据分析的目的，采用适当的统计分析方法对收集来的大量数据进行处理，将它们加以汇总和理解并消化，以求最大化地开发数据的功能，发挥数据的作用，提升数据的价值。换句话说，数据分析是为了提取有用信息和形成结论而对数据加以详细研究和概括总结的过程。在数据分析阶段，可以根据数据挖掘和机器学习算法，应用大数据处理技术，对海量数据进行计算分析，发现数据最核心的价值，从而为各行业管理者决策的制定提供依据。

数据挖掘是一个多学科交叉的应用领域，与数学、统计学、计算机科学等学科有着密不可分的联系，数据挖掘技术的发展也是多学科相互促进、共同发展的结果。对应用各种技术手段采集到的数据进行数据挖掘在科研、电商、营销等商业应用领域都发挥着积极作用。近年来，电子商务技术的飞速发展，将数据挖掘技术在电商领域的应用推向了一个高峰，解决了许多典型的商业问题，如客户群体划分、客户行为预测与分析、产品个性化推荐等。数据挖掘还为整个行业的发展提供了趋势性指导，对行业乃至整个社会的发展发挥着不可估量的作用。

机器学习是让计算机使用以往的数据或经验，模拟人类的学习行为，重新组织已有的知识结构以获取新的知识和技能，并在过程中不断改善自身性能。机器学习可以运用于数据分析中，但与传统的数据分析又有着一定的区别。传统的数据分析侧重于从已有的数据中发现新的认知和见解，以帮助企业获得大数据所带来的更深层次的洞察力，从而被动式地增强企业的决策能力。机器学习则更多是主动式的，它通过收集和分析海量输入数据，形成可以自主分析处理和特征识别的计算机系统，使企业能够及时获取海量数据并据此作出决策。

二、典型的机器学习和数据挖掘算法

在数学和计算机科学之中，算法（Algorithm）为一个计算的具体步骤，是对解题方案准确而完整的描述，是一系列解决问题的清晰指令。算法代表着用系统的方法描述解决问题的策略机制，常用于计算、数据处理和自动推理。典型的机器学习和数据挖掘算法包括分类、聚类、回归分析、关联规则等。

（一）分类

分类是计算机通过一组已知分类的数据集进行训练和学习，发现同一类别数据的共同特征或规则，由此构建分类模型，从而将未分类的新数据映射到某个给定的类别中的过程。分类是有监督学习算法，需要利用提前标注好的数据训练模型，然后再对未知数据进行预测和分类，即基于已有样本数据集去预测新数据的分类方法。例如，OTA 网站可以根据用户在特定时间段内的搜索、浏览和购买等情况划分不同的类别，并根据分类向用户推荐关联类产品，从而达到提高转化率、增加业务量的目的。

（二）聚类

聚类起源于分类学，它是研究分类问题的一种统计分析方法，是数据挖掘中的一个重要算法。聚类与分类都是为了解决自然科学和社会科学中存在的大量分类问题，但与分类不同的是，聚类是针对数据的相似性和差异性而将数据分为几个类别，使得同一类内的数据相似性尽可能大，不同类内的数据差异性尽可能大。聚类是无监督的学习算法，不需要提前对数据进行标注，它能够把相似度很高的样本聚合在一起。在现实生活中，商家可以根据用户的行为数据进行聚类，为不同类型的客户群体提供个性化的定制服务。

（三）回归分析

回归分析（Regression Analysis）是指两个或两个以上变量间相互依赖的定量关系的一种统计分析方法。回归分析是为人们所熟知的预测性建模技术之一，按照分析过程中使用变量的多少，分为一元回归分析和多元回归分析；按照因变量的多少，分为简单回归分析和复杂回归分析；按照自变量和因变量之间的关系，分为线性回归分析和非线性回归分析。一般来说，回归分析是通过规定因变量和自变量来确定变量之间的因果关系，建立回归模型，并根据实测数据来求解模型的各个参数，然后评价回归模型是否能够很好地拟合实测数据的一种方法。如果能够很好地拟合，则可以根据自变量做进一步预测。回归分析的优点在于可以表明自变量和因变量之间的显著关系，或多个自变量对一个因变量的影响强度。例如，可以将价格变化、促销活动、宣传投入等作为自变量，销售业绩数据作为因变量来构建预测模型，从而得出一组最佳的变量，以应对未来市场的变化。

（四）关联规则

关联规则是隐藏在数据项之间的关联或相互关系，即可以根据一个数据项的出现推导出其他数据项的出现。关联规则最初提出的动机是分析购物篮。通过发现顾客放入购物篮中的不同商品之间的关联，从而分析顾客的购物习惯。

这种关联的发现可以帮助零售商了解哪些商品频繁地被顾客同时购买，从而帮助他们开发更好的营销策略。"啤酒和尿布"的零售影响案例就是对关联规则的经典应用。

三、常用数据分析工具

随着数据分析在大数据时代的应用越来越广泛，用以进行数据分析的工具也层出不穷。"工欲善其事，必先利其器"，从众多数据分析工具中选择最适合的一款可以使数据分析工作事半功倍。目前数据分析领域最主要的分析工具有 Excel、SPSS、PowerBI 等。此外，还可以使用 Python 语言和 R 语言，通过程序开发来完成数据分析。

（一）Excel

Excel 是微软办公软件中的一款电子表格软件，出色的数据计算、数据分析、数据可视化的功能加上操作简单和广泛的市场占有率，使其成为目前最流行的数据统计和数据分析软件。Excel 通过简单的菜单操作即可完成数据分析中常见的排序、筛选、汇总的任务，还可以创建数据透视图和数据透视表从而实现交互式数据分析，用以查看数据不同层面的汇总信息、分析结果及摘要数据。Excel 还可以处理百万量级的数据，不过更大的数据集会对数据分析的性能造成一定的影响。

（二）SPSS

SPSS（Statistical Product and Service Solutions）是一款提供了全面的数据处理和统计分析的软件，其操作简单易学，大多数操作都可以通过鼠标完成，对用户操作非常友好。SPSS 具有完备的数据输入、编辑、统计分析、报表、图形制作等功能，还提供了大量机器学习算法和文本分析功能。SPSS 开源且具备良好的可扩展性，可与大数据系统集成，并能无缝部署到应用程序中。SPSS 可以满足不同层次的用户对数据统计和分析的需求，适用于各种规模和复杂程度的项目，在国际学术界具有巨大的影响力和很高的声誉。

（三）PowerBI

PowerBI（Power Business Intelligence）是微软推出的一款侧重于商业智能和数据可视化的数据分析工具。PowerBI 也具有多维分析的能力，通过强大的 DAX 函数，可以轻松计算出各种度量值。PowerBI 可以连接数百种数据源，无论数据在云端还是本地数据库中，并且可以简单地完成数据清洗、转换及不同数据源数据的合并工作，大大节省了准备数据的时间。PowerBI 与 Excel 同属微软的数据分析工具，其操作界面与 Excel 极其相似，对于大部分 Excel 用户来说可以较为轻松地上手，转化的学习成本较低。

（四）Python

Python 是一门具有强大数学计算能力及分析能力的编程语言，而且还具备丰富的可视化图形表现功能。Python 并不提供专门的数据挖掘环境，但它拥有诸如 NumPy、SciPy、Matplotlib 和 Pandas 等非常丰富的类库，为其提供非常多的数据分析算法的函数，使其成为数据分析领域的主流编程语言之一。

（五）R 语言

R 语言是一门用于统计计算和作图的语言，它不单是一门语言，更是一个数据计算与分析的环境。其最主要的特点是免费、开源、各种各样的模块十分齐全。R 语言的综合档案网络 CRAN 提供了大量的第三方功能包，涵盖了从统计计算到机器学习，从金融分析到生物信息学，从社会网络分析到自然语言处理，从各种数据库各种语言接口到高性能计算模型等内容，可以说无所不包，无所不容，这也是为什么 R 语言获得越来越多各行各业从业人员喜爱的一个重要原因。

[任务实施]

本任务将使用预处理后的"上海景区基本情况"，通过分析找出综合评分最高的前 10 个景区。

步骤一：通过"总评数"和"好评数"计算出景区的好评率

经过数据预处理后的数据中，依然有部分数据记录因未开放点评功能，"点评总数"字段为空白，直接进行好评率的计算会导致值错误。为解决这一问题，需使用 if 函数进行判断，若"点评总数"为空，则好评率置为"0"，否则用好评数除点评总数进行好评率的计算。

步骤二：筛选备选数据

通过 Excel 的高级筛选功能，筛选出所有国家级 5A 和 4A 景区，或景区热度高于 5 同时景区评分高于 3，或点评数大于 1000 且好评率高于 80% 的景区作为备选数据。在数据区域下的空白处设置条件区域，具体内容如图 2-10 所示。

景区等级	景区等级	景区热度	景区评分	点评总数	好评率
5A					
	4A				
		>=6	>=3		
				>=1000	>=80%

图 2-10　条件区域设置

使用高级筛选功能对数据进行筛选，将筛选结果复制到新的工作表中。

步骤三：统计分析

具体分析标准如下。

（1）"景区等级"评分：5A 级景区得 20 分，4A 级景区得 15 分，未评级景区得 10 分。

（2）"景区热度"的均值为 5.9，"景区评分"的均值为 4.6，分别以均值为基准值，计算"景区热度"和"景区评分"的得分：每高出基准值 0.1 得 1 分，每低于基准值 0.1 扣 1 分。

（3）计算"好评率"的均值为 0.9，以该值为基准值，好评率每比基准值高 1 个百分点得 1 分，好评率每比基准值低 1 个百分点扣 1 分。

（4）对各项得分进行求和，得出景区的最终评分，并按照评分进行降序排列，取前 10 条数据记录即为"上海地区景区综合评价"最高的 10 个景区。此处也可以通过筛选功能，筛选出"综合得分"最高的 10 条数据记录，其结果如图 2-11 所示。

	A	B	C	D	K	L	M	N	O	P
1	景区名称	景区等级	景区热度	景区评分	好评率	景区等级	景区热度	景区评分	好评率分	综合评
2	上海野生动物园	5A	8.5	4.7	95%	20	25	17	15.3	77.3
3	普陀山风景区	5A	8.8	4.7	92%	20	28	17	11.9	76.9
4	上海迪士尼度假区		9.8	4.7	91%	10	38	17	11.4	76.4
5	拙政园	5A	8.6	4.6	89%	20	26	16	9.2	71.2
6	外滩		8.4	4.7	96%	10	24	17	16.0	71.0
7	上海科技馆	5A	7.9	4.7	94%	20	19	17	14.0	70.0
8	豫园	4A	8.3	4.7	94%	15	23	17	14.2	69.2
9	乌镇	5A	8.7	4.6	86%	20	27	16	5.8	68.8
10	灵隐寺		8.8	4.7	90%	10	28	17	9.9	64.9
11	鼋头渚	5A	8.4	4.5	86%	20	24	15	5.6	64.6

图 2-11　数据筛选结果

[任务总结]

这里使用任务 2 中"上海景区基本情况"数据预处理结果,自行设计综合评分计算方法,以"上海地区景区综合评分"TOP10 为分析目标,完成数据分析,深化学生对完整的数据分析流程的认识,提升学生的数据分析能力。

[任务实训]

1. 实训目的

掌握数据分析的方法和流程。

2. 实训要求

参照[任务实施]中"上海地区景区综合评分"TOP10 的案例,按照数据分析的目的,设定数据分析的算法和步骤,完成数据分析。

3. 操作步骤

根据[任务实施]中"上海地区景区基本情况"数据预处理结果,完成"上海地区景区综合评分"TOP10 的分析。

4. 自我评价

通过实训,进行自我评价,评价量表如表 2-4 所示。

表 2-4　数据分析和挖掘自我评价

评价要素	评价标准		
	优秀	良好	合格
"上海地区景区综合评分"TOP10 数据分析完成情况	能够根据分析目标,自主设定分析方法,优化分析结果	能够在课程案例基础上,适度调整计算标准,完成数据分析	能够遵循课程案例展示步骤,完成数据分析任务

任务 4 数据可视化

[任务描述]

数据及数据分析的结果往往是枯燥无味的，人们从数据中获取信息时需要更加生动的表达。数据分析师的工作除了将数据背后的"秘密"分析和挖掘出来以外，还需要将分析结果以恰当且多样的形式呈现出来，既便于用户快速精准地理解数据所表达的内容，又能给用户带来生动具象的视觉体验，这便是数据可视化技术的意义所在。

[任务目标]

- 了解数据可视化的定义。
- 了解数据可视化的常用工具。
- 了解数据可视化的图表分类。
- 掌握数据可视化的应用。
- 了解数据可视化在智慧生活中的应用。

[知识准备]

一、数据可视化概述

（一）数据可视化的概念

数字可视化技术是指将大型数据集中的数据以图形、图像形式表示，并利用数据分析和开发工具发现其中未知信息的处理过程，是关于数据视觉表现形式的科学技术研究。数据可视化所涵盖的技术非常广泛，涉及计算机视觉、图像处理，计算机辅助设计和计算机图形学等多个领域，并逐渐成为一项研究数据表示、数据综合处理、决策分析等问题的综合技术。

数据可视化主要是借助图形化的手段，清晰高效地完成信息的传达。它将数据以点、线、符号、图像等图形化的方式结合大小、长度、颜色、位置等视觉属性展示给用户。数据可视化技术的目的不仅仅是为用户提供已知数据之间的规律，还是数据、统计、分析及预测在同一界面的综合呈现，从而帮助用户深化对数据的认知，发现数据的实质。

（二）数据可视化的发展

最早的数据可视化甚至可以追溯到10世纪一位天文学家绘制的一张古老的《行星运动图》，图中出现了坐标轴、网格、时间序列等现代统计学意义的图形符号。

17世纪，社会生产力的提高推动了数学、物理和化学等自然学科的发展，统计学处于萌芽状态。人口、商业、工业等经验数据的大量增加，让人们开始重视数据的价值与意义。为了更加系统地收集、整理、表示数据，各种类型的图表和图形随之诞生——苏格兰工程师William Playfair创作了我们今天数字可视化中应用最多的条形图、折线图和饼图等。

19世纪，工业革命推动了科学技术的进一步发展，社会对数据的积累和应用需要与日俱增，现代的数据可视化技术逐渐成熟，应用于统计学方面的散点图、直方图、极坐标图形等常用图形均已出现，涵盖社会、经济、医疗、自然等领域数据的主题地图也成了展示数据的一种惯用方式。

数据可视化领域的起源，可以追溯到20世纪50年代计算机图形学的早期发展阶段。当时，人们利用计算机创建出了首批图形图表。1987年，由布鲁斯·麦考梅克、托马斯·德房蒂和玛克辛·布朗所编写的美国国家科学基金会报告 Visualization in Scientific Computing（意为《科学计算之中的可视化》），对这一领域产生了极大的促进和刺激作用。这份报告强调了新的基于计算机的可视化技术方法的必要性。

进入21世纪，计算机技术的长足发展使数据规模呈指数量级增长，数据的形式和内容极大丰富，为数据可视化提供了多样化的素材，也对数据可视化提出了更高的要求。数字可视化依附计算机等相关学科的发展焕发了新的活力，被广泛应用到科研、教育、医疗、旅游等各个行业，数字可视化技术随之进入了一个全新的历史时代。

（三）数据可视化的组成

自 1987 年数据可视化这一概念被正式提出，经过 30 多年的发展，它已逐渐形成三个分支。

1. 科学计算可视化

科学计算可视化（Scientific Visualization）是将科学计算过程中及计算结果的数据转换为图形及图像显示在屏幕上的方法与技术，涉及医学、气象预报、地质勘探、分子模型、流体力学等领域。

2. 信息可视化

信息可视化（Information Visualization）是研究大规模非数值型信息资源的视觉呈现，通过图形图像的技术和方法，充分利用人们对可视模式快速识别的自然能力，帮助人们理解和分析数据的技术。与科学计算可视化相比，信息可视化侧重于分析抽象数据集，如非结构化的文本。

3. 可视化分析

可视化分析（Visual Analytics）是以交互式的可视化界面为基础来进行分析和推理的一门科学，是科学计算可视化和信息可视化发展的产物。它将人类智慧与机器智能联结在了一起，使得人类所独有的优势在分析过程中得以充分发挥。也就是说，人类可以通过可视化视图进行人机交互，直观高效地将海量信息转换为知识并进行推理。

（四）数据可视化的标准

1. 实用性

衡量数据实用性的主要参照是要满足使用者的需求，需要清楚地了解这些数据是不是人们想要知道的、与其切身相关的信息。例如，将气象数据可视化就是一个与人类切身相关的事情。实用性是一个较为重要的评价标准，属于主观类指标，也是评价体系里不可忽略的一环。

2. 完整性

衡量数据完整性的重要指标是该可视化的数据应当能够纳入所有能帮助使

用者理解数据的信息,包含要呈现的是什么样的数据,该数据有何背景、来自何处、是被谁使用的、需要起到什么样的作用和效果、想要得到什么样的结果、是针对一个活动的分析还是针对一个发展阶段的分析、是研究用户还是研究销量等。

3. 真实性

可视化的真实性考虑的是信息的准确度和是否有据可依。如果信息是能让人信服的、精确的,那么其准确度就达标了,否则该数据的可视化工作就不会令人信服。因此,在实际使用中,应当确保数据具有真实性。

4. 艺术性

艺术性是指数据的可视化应当具有艺术性,符合审美规则。不美观的数据图无法吸引读者的注意力,相反美观的数据图可能会进一步引起读者的兴趣,提供其良好的阅读体验。有一些信息,读者很容易遗漏或者遗忘,但通过好的创意设计和可视化能够给读者带来更强的视觉刺激,从而有助于信息的提取。例如,在一个做对比的可视化中,让读者比较形状大小或者颜色深浅或许不如位置远近和长度更一目了然。

5. 交互性

交互性指的是实现用户与数据的交互,从而方便用户控制数据。在数据可视化的实现中应多采用常规图表,并站在普通用户的角度,在系统中加入符合用户思维方式的交互操作,让大众用户也可以真正地和数据对话,以探寻数据对业务的价值。

二、数据可视化工具

目前,数据可视化工具种类繁多,一些专业性较强的行业均有与其对应的数据可视化工具,这里主要介绍一些在日常应用中使用较为频繁的数据可视化工具。

(一) Excel

作为微软公司 Office 办公套件中的一款软件,Excel 无疑是相对比较简单、方便、使用频率高的数据可视化工具,也是快速分析数据及数据可视化的入门工具。它的数据透视表和数据透视图功能可以帮助用户快速完成数据可视化，让用户能够更加直观地看出数据的变化和联系。为了丰富 Excel 的数据可视化功能，微软还发布了一款名为 GeoFlow 的插件，可以结合 Excel 和 Bing Maps 实现 3D 的数据可视化效果。目前，GeoFlow 支持包括立柱型、二维斑块及气泡图在内的多种可视化类型。

（二）Tableau

Tableau 是斯坦福大学一个计算机科学项目的成果，旨在改善分析流程并让人们能够通过可视化更轻松地使用数据。Tableau 可以轻松地连接几乎所有类型的数据库，通过直观的界面将拖放操作转化为数据查询，从而对数据进行可视化的呈现。Tableau 通过提供更实用的机器学习、统计、自然语言等方面的解决方案，从而增强人类在分析中的创造力。Tableau 还提倡重视、践行和鼓励以数据为基础的高质量决策的数据文化，拥有由数百万计成员组成的 Tableau 社区，致力于完善、推广和提高 Tableau 数据可视化技术。在 Tableau 中，仪表板（Dashboard）和故事（Story）是其最具特色的功能。仪表板是显示在单一单位的多个工作表和支持信息的集合，便于同时比较和监视各种数据；还可以将一系列共同作用、相互联系的图表和仪表板以故事的形式连续、流畅地呈现出来，可以说是数据可视化技术和艺术的完美结合。

（三）Echarts

Echarts 最初是一个由百度公司开发的基于 JavaScript 的开源数据可视化项目，它可以像引入 JavaScript 库一样用 script 标签将图表引入网页，使用 canvas 实现图表的绘制。为了提升移动端的性能，Echarts 还支持 SVG 渲染，可以流畅地运行在桌面系统和移动设备上。Echarts 除了提供柱状图、折线图、散点图等常见图表以外，还提供用于地理数据可视化的地图、热力图、线图，用于关系数据可视化的关系图、旭日图，用于商业智能数据可视化的漏斗图、仪表盘等，其凭借着良好的交互性、精巧的图表设计，得到了众多开发者和使用者的认可。

（四）R 语言

R 语言是目前非常流行且开源的数据分析语言，也是数据可视化最常用的工具之一，包含了丰富的数据可视化内容。R 语言包含三大绘图系统：基本绘图系统（Base Plotting System），主要适用于绘制 2D 图形；Lattice 绘图系统（Lattice Plotting System），一次成图，适用于观测变量之间的交互；ggplot2 绘图系统（ggplotw Plotting System），则是前面二者的结合，将数据映射到了点、线、块等集合的大小、形状和颜色等属性上。R 语言主要用于分析大型数据集的统计数据，但对于一般使用者而言需要较高的学习成本，要花费较多的时间才能完全掌握。

此外，随着大数据技术的蓬勃发展和人们对数据重要性认知的进一步加深，各种不同的数据可视化工具如雨后春笋般应运而生，在此不一一赘述，有兴趣的可自行学习掌握。

三、数据可视化图表

按照数据的功能和作用及数据通过图表传达的目的信息，图表可以分为对比类、分布类、组成类、关系类、趋势类等，每一种类型都包含多种不同的数据可视化图表，主要有以下几种形式。

（一）柱形图

柱形图以水平或垂直的长方形的长度或高度为变量，对两个或两个以上维度的数据进行比较，通常应用于较小的数据集。柱形图既可以是垂直排布的柱状图，也可以是水平排布的条形图。

（二）饼图

饼图通过一个圆中不同弧度的大小来表示不同分类的占比情况，即将一个圆按照分类的占比划分为多个区域，每一个区域代表一个数据，表示该分类占总体比例的大小，具有唯一的颜色或图案，然后在图例中表示出来。整个圆代表数据的总量，所有区域的总和为 100%。

（三）散点图

散点图是指在回归分析中，数据点在直角坐标系平面上的分布图。散点图表示因变量随自变量而变化的大致趋势，据此可以选择合适的函数对数据点进行拟合。散点图用两组数据构成多个坐标点，考察坐标点的分布，可判断两变量之间是否存在某种关联或总结坐标点的分布模式。散点图将序列显示为一组点，其中每个散点的值由点在图表中的坐标位置表示，对不同类别由图表中的不同形状、大小或颜色标记符表示。散点图通常用于比较跨类别的聚合数据。

（四）气泡图

气泡图用于展示多个变量之间的关系，是散点图的变体，也可以认为是散点图和百分比区域图的组合。气泡图与散点图相似，不同之处在于，气泡图允许在图表中额外加入一个表示大小的变量。实际上，这就像以二维方式绘制包含三个变量的图表一样。

（五）热力图

热力图是一种通过对色块着色来显示数据的统计图表。绘图时，须指定颜色映射的规则。例如，较大的值由较深的颜色表示，较小的值由较浅的颜色表示；较大的值由偏暖的颜色表示，较小的值由较冷的颜色表示，等等。热力图适合用于查看总体的情况、发现异常值、显示多个变量之间的差异，以及检测它们之间是否存在任何相关性。

（六）折线图

折线图主要用于显示数据在一个连续的时间间隔或时间跨度上的变化趋势。在折线图中，数据是增加还是减少，增减的速率、规律、峰值等都能够清晰地反映出来。

（七）面积图

面积图也是由基本的折线图衍生而来，是在折线和横轴之间填充颜色或图案，这个填充的区域称为面积，从视觉上能更好地强调趋势信息。

（八）雷达图

雷达图又叫极坐标图、蜘蛛网图，它相当于平行坐标图，轴径向排列。雷达图是以从同一点开始的轴上表示的三个或更多个定量的二维图表的形式显示多变量数据的图形方法。雷达图可以直观地展现多维数据集，查看哪些变量具有相似的值、变量之间是否有异常值，适用于查看哪些变量在数据集内得分较高或较低，可以很好地展示性能和优势，特别适合展现某个数据集的多个关键特征，或者展现某个数据集的多个关键特征和标准值的比对，一般适用于多条数据在多个维度上的取值。雷达图不适合种类太多的数据，会造成变形，从而使整体图形显得过于混乱。

（九）直方图

直方图形状类似柱形图，但是和柱形图的含义完全不同。直方图一般用纵轴表示分布情况、横轴表示数据类型，是一种数值数据分布的精确图形表示。直方图便于观察和估计哪些数据比较集中，异常或者孤立的数据分布在何处。但直方图不适于样本量较小的数据，因为这样会产生比较大的误差，会降低可信度，进而失去统计的意义。

（十）词云图

词云图是通过形成"关键词云层"或"关键词渲染"，对网络文本中出现的频率较高的"关键词"进行视觉突出。一般用于展示大量的文本数据，将词汇组成类似于云彩的彩色图形，故称"词云图"。

[任务实施]

将任务3中获取的数据结果，用Excel进行基本的可视化结果呈现。

步骤一：绘制景区数量和占比情况图

使用Excel的分类汇总功能，以"景区等级"为分类字段和汇总项，选择汇总方式来计数。应用汇总结果数据分别绘制柱形图和饼图，以展示不同等级的景区数量和占比情况。

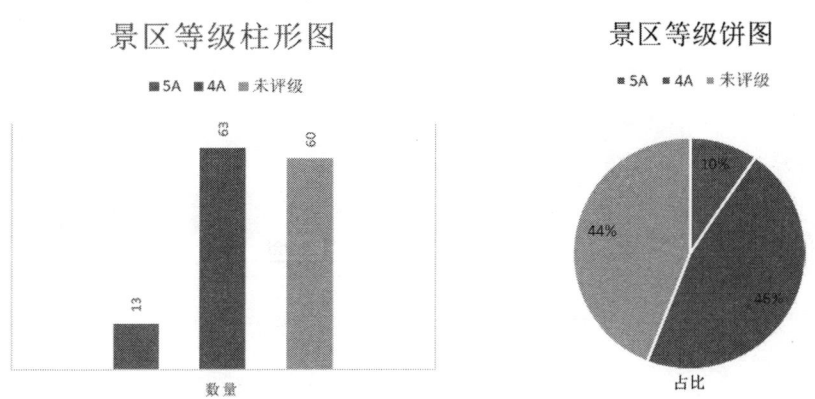

图2-12　不同等级景区数量及占比情况

步骤二：使用景区各项评分数据绘制散点图，查看最终得分分布情况

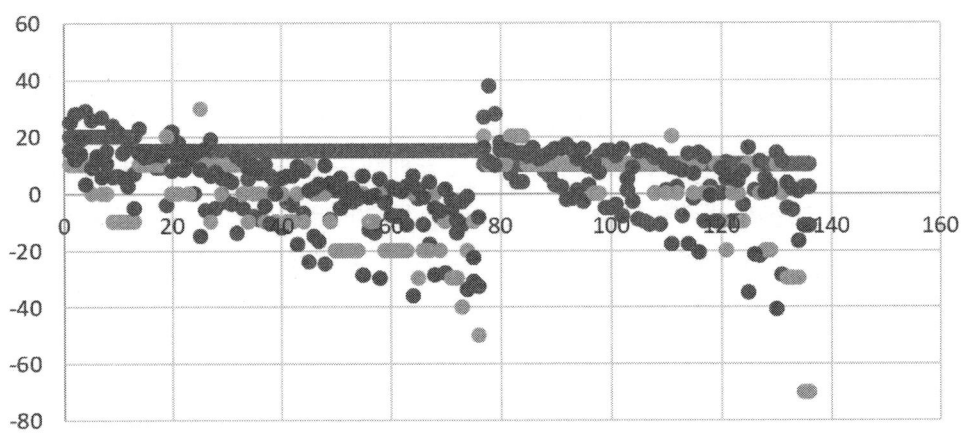

图 2-13 景区评分散点图

步骤三：以直方图的形式分别查看各项评分分布情况

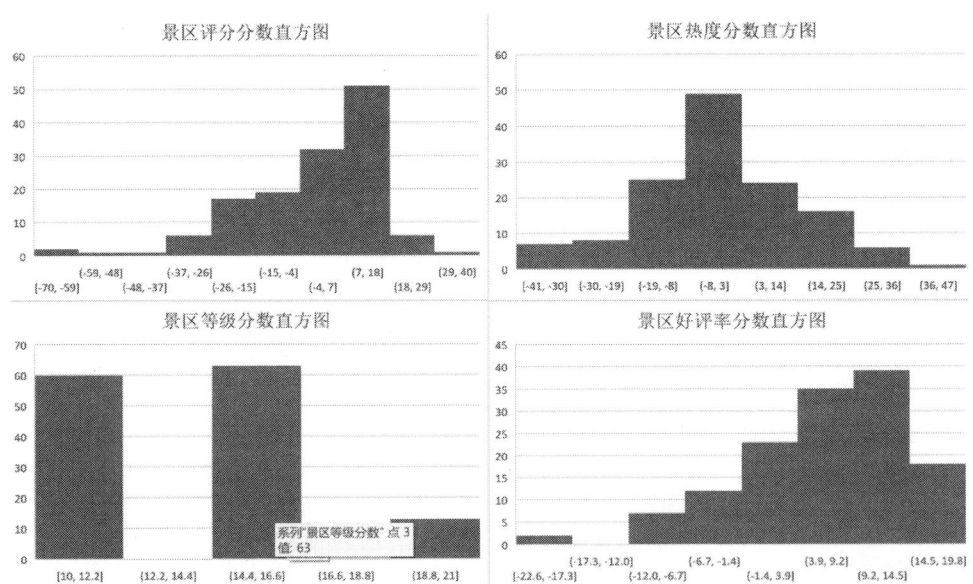

图 2-14 景区评分分布情况直方图

步骤四：使用雷达图对景区东方明珠和外滩进行对比分析

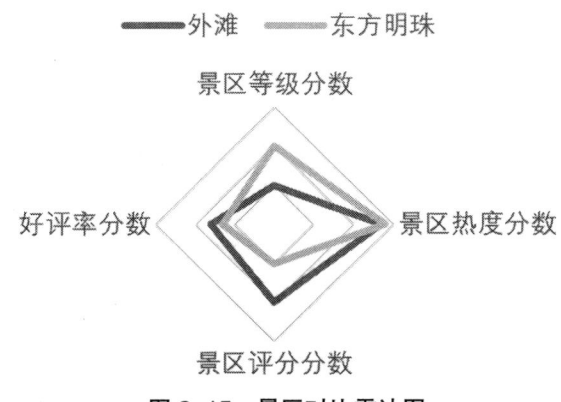

图 2-15　景区对比雷达图

[任务总结]

这里使用任务 3 中"上海地区景区综合评分情况"的分析结果，根据不同的数据可视化目的与意图，合理选择可视化效果，对数据分析的结果进行可视化呈现。

[任务实训]

1. 实训目的

掌握数据可视化的方法和流程。

2. 实训要求

参照 [任务实施] 中的"上海地区景区综合评分情况"案例，按照数据可视化的意图，完成数据可视化结果的呈现。

3. 操作步骤

根据 [任务实施] 中"上海地区景区综合评分情况"的分析结果进行不同层面的可视化呈现。

4. 自我评价

通过实训，进行自我评价，评价量表如表 2-5 所示。

表 2-5 数据可视化自我评价

评价要素	评价标准		
	优秀	良好	合格
"上海地区景区综合评分情况"分析结果可视化	能够根据需求选择不同的数据可视化工具，丰富可视化呈现的种类，优化可视化结果，提升数据可视化的效率	能够在课程案例基础上，从不同侧面进行数据可视化结果的呈现	能够遵循课程案例展示步骤，完成数据可视化任务

项目三
旅游情绪监测与分析

▍项目概述 ▍

随着互联网的普及及消费者习惯的养成，越来越多的旅游消费者利用互联网查询景点信息，规划旅游路线，预订机票、火车票、酒店、门票，并且发表自己的评论，而其他用户在考虑是否出行时，受这些评论信息的影响往往是很大的。旅游情绪来源于互联网内容数据，是洞察游客和媒体对旅游目的地关注度、知名度、评价、意见的主要数据分析视角。对旅游情绪进行分析主要包括旅游舆情的监测、旅游舆情传播分析和游客满意度分析。

旅游大数据分析

┃ 职业素养园地 ┃

　　游客满意度与旅游服务息息相关，要自觉提高自身的服务能力，遵守国家的法律法规，不信谣不传谣，不断提升自身的法律意识和媒体素养，树立正确的人生观和舆论观。另外，如果旅游地空气受污染，更会影响游客的满意度，所以绿水青山很重要。新时代旅游业的发展不能以牺牲生态环境为代价，必须要充分认识旅游的社会属性和功能，着力推动旅游业高质量发展。

┃ 思维导图 ┃

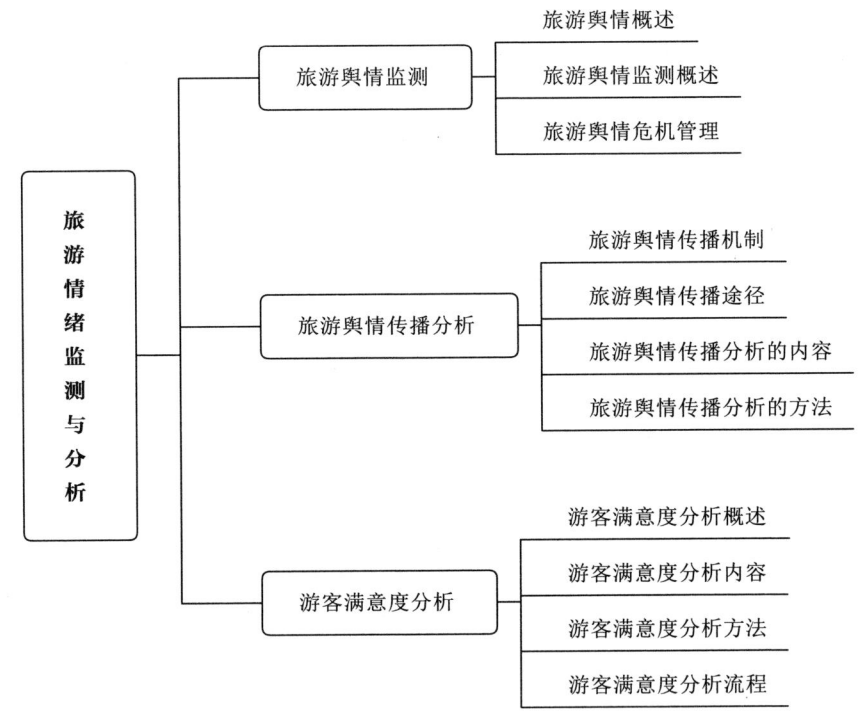

任务 1　旅游舆情监测

[任务描述]

对部分旅游景区进行舆情监测，了解游客需求，预测旅游发展趋势，及时发现网络上的负面舆情，制定针对性的营销策略，树立旅游目的地良好的形象。

[任务目标]

- 了解舆情和旅游舆情的基本概念。
- 理解旅游舆情的特点。
- 理解旅游舆情监测的意义。
- 掌握旅游舆情监测的内容和手段。
- 掌握旅游舆情危机管理的方法。
- 树立正确的价值观、舆论观，坚持正确的舆论导向。

[知识准备]

一、旅游舆情概述

（一）舆情的概念

舆情是"舆论情况"的简称，是指在一定的社会空间内，围绕中介性社会事件的发生、发展和变化，作为主体的民众对作为客体的社会管理者、企业、个人、各类组织及其政治、社会、道德等方面的取向产生和持有的社会态度。它是较多群众关于社会中各种现象、问题所表达的信念、态度、意见和情绪等表现的总和。

随着互联网的快速发展，网络媒体作为一种新的信息传播形式，已深入人们的日常生活。网友言论活跃已达到前所未有的程度，不论是国内还是国际重大事件，都能马上形成网上舆论，通过这种网络意见来表达观点、传播思想，进而产生巨大的舆论压力，达到任何部门、机构都无法忽视的地步。可以说，互联网已成为思想文化信息的集散地和社会舆论的放大器。

网络舆情是通过互联网传播的公众对现实生活中某些热点、焦点问题所持的有较强影响力、倾向性的言论和观点，主要通过 BBS 论坛、博客、新闻跟帖、转贴等实现并加以强化。当今，信息传播与意见交互空前迅捷，网络舆论的表达诉求也日益多元。如果引导不善，负面的网络舆情将对社会公共安全形成较大威胁。对相关政府部门来说，如何加强对网络舆论的及时监测、有效引导，以及对网络舆论危机的积极化解，对维护社会稳定、促进国家发展都具有重要的现实意义，这也是创建和谐社会的重要内容。

（二）旅游舆情的概念

旅游舆情是网络舆情与旅游行业交叉衍生出的专属概念，特指旅游消费者（游客及潜在游客）及旅游媒体对旅游目的地旅游服务企业及政府旅游主管部门作用下的旅游品牌及服务体系中各项元素的评价、意见及态度等的信息总和，以及就上述因素进行表达与交互的行为过程。

随着信息社会的发展、互联网的普及、人们出行意愿的逐步增强，社会各类信息呈现出传播速度快、范围广、渠道多的特点，特别是一些负面信息往往在短时间内被高速传播和极度放大。对于旅游行业来说，游客满意度至关重要，部分旅游行业舆情突发的主要原因就是游客的投诉和负面评价等信息所引发。因此，及时了解旅游负面信息，加强旅游舆情监控，做好舆论引导和矛盾化解工作，对于维护旅游品牌形象具有十分重要的意义。

（三）旅游舆情的特点

1. 突发性

旅游舆情的形成一般非常迅速，一个有关旅游的热点事件的出现加上一种情绪化的意见，就可以成为点燃一片舆论的导火索。当某一旅游突发事件发生时，网民可以立即在网络中发表意见，网民个体意见可以迅速地汇聚起来形成公共意见。同时，各种渠道的意见又可以迅速互动，从而快速形成强大意见声势。

2. 自由性

互联网是完全开放的，它拓展了所有人的公共空间，给了所有人发表意见和参议政事的便利，每个人都有机会成为网络信息的发布者，每个人都有选择网络信息的自由，通过微信、微博、新闻点评、各大OTA网站的评论区和一些自媒体平台，游客可以立即将旅游中的遭遇与不满公之于众，发表意见，下情直接上达，民意表达更加畅通。由于互联网的匿名特点，多数网民会自然地表达自己的真实观点，或者反映自己的真实情绪。因此，旅游舆情比较客观地反映了旅游行业的矛盾，比较真实地体现了不同游客群体的声音。

3. 多元性

旅游舆情的主题极为宽泛，从舆情主体的范围来看，网民分布于社会各阶层和各个领域；从舆情的话题来看，涉及文化娱乐、餐饮消费、景区旅游及社会生活的各个方面；从舆情来源上看，游客往往是旅游舆情的主要引爆点，其在事件中通常充当被动的受害者，同时也是旅游舆情的活跃传播者及信息生产者。

4. 偏差性

由于受各种主客观因素的影响，一些网络言论缺乏理性，比较感性化和情绪化，甚至有些人还把互联网作为发泄情绪的场所，通过相互感染，这些情绪化言论很可能在众人的响应下，发展成为有害的舆论。

5. 集中性

旅游舆情主要集中在节假日期间爆发，其时间分布与我国的节假日安排高度契合。其中发生最多的为国庆黄金周，其次为五一假期，然后是春节及清明小长假等，这种有规律的舆情发生为旅游企业制定应急预案提供了科学支撑。

二、旅游舆情监测概述

（一）旅游舆情监测的意义

（1）通过对旅游舆情数据的充分挖掘，旅游企业能够全面了解游客的需求变化、意见建议，并以此为基础实现科学决策和科学管理，对旅游市场变化趋势进行预测，制定有针对性的营销策略。

（2）旅游舆情监测有助于规范旅游从业者的经营行为，杜绝欺诈、宰客等事件的发生，通过服务标准化条例和培训进一步提高旅游从业者的服务质量，以优质的服务给予游客良好的体验，通过旅游舆情传播树立旅游目的地良好的形象。

（3）旅游舆情监测有助于优质旅游战略的落实，为形成良好的舆论环境和舆情生态提供有力的保障，有利于维护旅游品牌的声誉与口碑。

（二）旅游舆情监测的内容

旅游业一直以来都是网络舆论关注的焦点之一，由于涉及的人员数量大、面积广且比较集中，因此一旦发生负面突发事件就极易成为网络舆情热点，甚至成为引人注目的公共事件。旅游部门必须建立一套行之有效的舆情监测方案，以便快速准确地监测网上各类旅游负面舆情，全面了解社会公众关切的旅游相关问题，及时采取准确的应对措施，以预防、减少和消除突发旅游舆情造成的负面影响。

旅游企业舆情监测需求主要表现在及时发现网上和各种媒体平台上传播的涉及旅游的各种负面消息、公众对旅游状况的看法和评论、旅游相关的媒体报道、旅游政策的宣传信息和旅游企业工作人员个人言行报道等内容，具体来说主要表现在以下几个方面。

1. 旅游服务纠纷事件

旅游服务纠纷事件主要包括游客对景区的投诉、游客与旅游企业之间的消费纠纷、游客与导游的冲突和纠纷等。游客可能会因景区管理不善、景区内设施不够安全和不够完善或者景区缺乏节假日高峰期紧急应对预案而产生不好的旅游体验并进行投诉，同时餐饮企业的"强买强卖""天价菜单"事件也时有发生，这些都容易引发消费纠纷。游客在体验旅游产品的过程中有时也会遇到旅游服务缩水、导游强迫或欺骗游客进行购物等事件，情节严重的还会引起导游与游客的冲突和纠纷。

2. 旅游安全事件

旅游安全事件主要包括旅游目的地内发生的灾难事件，如交通事故、踩踏事故、火灾事故、设施故障引发的事故、动物伤害等；旅游目的地内发生的灾害事件，如自然灾害、地震、泥石流、洪水、台风、山体落石等；旅游目的地内发生的社会治安事件，如涉及游客人身安全的各类违法犯罪事件等。

3. 旅游企业经营、行业乱象

例如，旅游企业之间因利益分歧而产生的经营纠纷；旅游企业内部管理不当引发的社会问题；旅游企业因经营行为违反社会公德而引发舆论质疑；知名旅游景区因管理混乱被摘牌及各类游客的不文明现象等。

（三）旅游舆情监测的手段

1. 选择关键词

如公司名称、单位名称、高管名字、领导名字、产品名称、服务名称、代言人名字等，不论是人工还是舆情软件监测，选择好监测关键词都是第一要素。

2. 选定平台

如抖音、微信公众号、今日头条、人民网、小红书等，有助于用户更加精准地了解某个热门平台和相关重点网站的舆情动态。

3. 选定对象

包括具体事件、时间段、个人、媒体、地域等，便于更加细致、全方位地把握舆情的发展方向，如不同地域的舆情热度、不同时间段的舆情声量变化等。

三、旅游舆情危机管理

旅游作为一个涉及吃、住、行、游、购、娱等方面的行业，其敏感性不言而喻，任何负面信息的累积都将有可能演化成一场不可控的危机公关。所以，前期的危机预警及有序管理是避免危机产生的基础。借助大数据、人工智能等先进的新技术可以让舆情的监测、预警、管理、应对和引导更加高效。结合这些技术，相关部门可以建立一个智能化、系统化的舆情监测应对体系，这样在面对舆情时才能做出更加及时、专业和有针对性的反应。

（一）加强旅游企业日常管理

旅游负面舆情的出现，根源在很大程度上是旅游企业及其配套设施建设上存在问题。因此，地方政府要发挥主导作用，加大对旅游景区、酒店住宿、餐饮娱乐等旅游相关企业的摸底清查，将发现的问题限时办结，从游客的实际利益出发推动各项管理工作落实到位。建立完善的监督举报机制，鼓励游客及社会大众对发现的不合理或违规问题进行举报，监督管理部门对举报行为应予以保密，并根据举报情况进行系统性整改，确保旅游企业的管理规范到位。

（二）建立负面舆情处理机制

地方政府要深刻认识旅游业发展的重要性，将负面舆情应对放到支撑旅游城市改革突破的关键位置，营造重视负面舆情的环境氛围，将负面舆情应对情况纳入地方政府考核范围，重视负面舆情应对工作；建立专门的负面舆情应对管理部门，赋予相应的管理权限，明确基本的工作流程，并充分考虑负面舆情应对涵盖范围广、涉及部门多的实际情况，探索建立多部门协调联动机制，确保将各种资源力量汇聚到负面舆情应对的刀刃上，确保负面舆情处理到位及时；围绕反映出的负面舆情问题，要进行深挖，避免就事论事，确保游客及社会大众的深层次诉求得到充分满足，真正凸显旅游城市的责任担当。负面舆情的处理，要坚持公开公正，确保应对全过程自觉接受游客及社会大众监督，实现舆情应对不同环节的闭合管理，确保城市在负面舆情应对上更好地成长进步，真正将负面舆情危机转变为地方形象塑造、旅游事业发展的契机。

（三）提高负面舆情的处置能力

本质上，旅游负面舆情的处理属于危机公关范畴，要特别注重处理的黄金期，即通常所说的负面舆情出现后的24小时。政府在获取负面舆情信息内容后，应当秉持实事求是的原则，迅速行动，在应对负面舆情上做到稳、准、快、恳。负面舆情一经出现，地方政府就应当发挥好官媒的影响优势，表明自身态度，确保在舆情处理上占据主动位置，在核实舆情信息的基础上，推动舆情向好的方向发展。对一些自媒体平台出现的虚假宣传，要及时辟谣，并报请公安机关，以法律手段助力负面舆情的有效应对。在负面舆情处理上，要坚持用事实说话，如果舆情反映问题属实，政府应当诚恳道歉，争取当事人的谅解，并向全社会做出承诺，对所有的旅游内容进行系统性查摆，深挖类似问题，保证滋生负面舆情的土壤不再存在。对查证属实的问题，要秉持向游客和社会大众负责的态度，加大惩处力度，充分发挥法律的震慑作用。

（四）提升监管部门主动作为意识

地方政府要强化负面舆情前瞻性认识，对网络等层面出现的负面舆情苗头要及时跟进，交由专门机构核实苗头信息，一旦查证属实，及时将查改情况向社会公布，在负面舆情应对上变被动为主动。政府部门要加大对旅游景区及配套内容的动态监督，对发现的问题建立责任台账，由舆情专门部门统筹负责，确保问题能够限时处理到位。加大对地方管理部门负面舆情应对参与情况的考核，对存在负面舆情处理不到位的要亮红灯，确保各部门及领导干部在负面舆情应对上主动作为，切实消除麻痹大意思想。

（五）提高旅游从业人员素质修养

首先，做好现有旅游从业人员的教育培训，提高其职业道德水平，增强其大局意识，严格按照标准要求为游客提供各种服务，以优质的服务为城市旅游形象增光添彩。在教育培训上，开展形式多样的交流互动，结合各种典型案例让旅游从业人员始终绷紧思想红线。其次，把好旅游从业人员引进关，对新引进的旅游从业人员，尤其是管理人员，要为其建立完善的成长档案，确保他们在履职尽责上更加到位。最后，发挥好"互联网+"的作用，倾听一线旅游从业人员的心声，动态把握他们的思想意识，了解他们的内心需求，在相关方面予以改进完善，让旅游从业人员的根本利益得到有效维护，切实增强他们的职业自豪感，这样才能让旅游从业人员更加珍惜这份工作，更好地服务于游客及社会大众，从而有助于防范旅游负面舆情问题的出现。

[任务实施]

步骤一：确定监测内容

表 3-1　旅游舆情监测信息表

数据采集时段	2023 年 1 月 1-15 日
数据采集范围	微博、微信、贴吧、视频、论坛、博客、OTA、问答、新闻
数据采集总量	364 185 条
数据采集单位	杭州西湖风景名胜区、安徽九华山风景名胜区、福建武夷山风景名胜区、山西五台山风景名胜区、山东泰山风景名胜区、青岛崂山风景名胜区、四川乐山大佛风景名胜区、武汉东湖风景名胜区、湖北武当山风景名胜区、四川九寨沟风景名胜区、峨眉山风景名胜区、北京市十三陵特区、辽宁千山风景名胜区、安徽黄山风景名胜区、新疆天山天池风景名胜区、张家界武陵源风景名胜区、河南云台山风景名胜区、陕西华山风景名胜区、浙江普陀山-朱家尖风景名胜区、襄阳隆中风景名胜区、江西三清山风景名胜区、青城山都江堰风景名胜区、泰山地下大裂谷、北京市慕田峪长城、天津盘山风景名胜区、河北承德避暑山庄、河北野三坡风景名胜区、河北秦皇岛北戴河风景名胜区

步骤二：统计景区相关的媒体报道

表 3-2　景区相关的媒体新闻量排行 TOP10

排名	媒体名称	本期新闻量	上期新闻量	环比	差值
1	腾讯新闻	8562	7350	16.49%	1212
2	今日头条	7035	7856	-10.45%	-821
3	网易新闻	6955	7218	-3.64%	-263
4	新浪网	6558	6941	-5.52%	-383
5	手机搜狐	5316	5084	4.56%	232
6	腾讯网	5209	6347	-17.93%	-1138
7	UC 头条	5132	4957	3.53%	175
8	快报	4083	5285	-22.74%	-1202
9	百家号	3964	3879	2.19%	85
10	一点资讯	2679	2437	9.93%	242

步骤三：突发事件统计

表 3-3　景区突发事件统计

排名	突发事件类别	本期数据标签量	上期数据标签量	环比	差值
1	服务纠纷	12	10	20.00%	2
2	管理问题	8	12	-33.33%	-4
3	安全隐患	6	8	-25.00%	-2
4	事故灾难	2	3	-33.33%	-1
5	自然灾害	1	2	-50.00%	-1
6	社会安全	1	2	-50.00%	-1

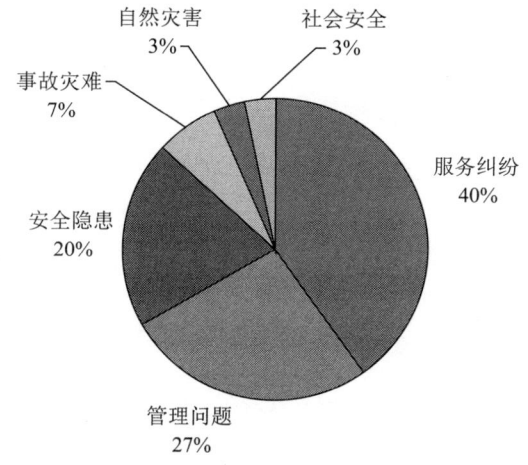

图 3-1　突发事件占比

本次监测共获取景区突发事件标签30条，其中服务纠纷12条、管理问题8条、安全隐患6条、事故灾难2条、自然灾害1条、社会安全1条。除服务纠纷呈上升趋势外，其余突发事件均呈下降趋势。

[**任务总结**]

本任务通过运用舆情监测工具对部分景区进行舆情监测，并统计相关舆情数据。通过本任务的学习，学生可了解旅游舆情的基本概念，理解旅游舆情监测的意义、内容、手段，掌握旅游舆情危机管理的方法。

[**任务实训**]

1. 实训目的

掌握旅游舆情监测的方法、流程,并能够对统计结果进行解读。

2. 实训要求

参照本项目任务案例,针对部分景区进行2023年1月16日至1月30日的舆情监测。

3. 操作步骤

(1) 确定监测内容,并将结果填入表3-4。

表3-4 旅游舆情监测信息表

数据采集时段	
数据采集范围	
数据采集总量	
数据采集单位	

(2) 统计景区相关媒体报道,并将新闻量居前10名的媒体数据填入表3-5。

表3-5 景区相关的媒体新闻量排行TOP10

排名	媒体名称	本期新闻量	上期新闻量	环比	差值
1					
2					
3					
4					
5					
6					

续表

排名	媒体名称	本期新闻量	上期新闻量	环比	差值
7					
8					
9					
10					

（3）统计相关景区突发事件，并将结果数据填入表 3-6。

表 3-6　景区突发事件统计

排名	突发事件类别	本期数据标签量	上期数据标签量	环比	差值
1					
2					
3					
4					
5					
6					

4. 自我评价

通过实训，进行自我评价，评价量表如表 3-7 所示。

表 3-7　旅游舆情监测评价

评价要素	评价标准		
	优秀	良好	合格
熟练掌握旅游舆情监测的方法	高质高效地完成旅游舆情监测，并能提出新颖的想法	能高质高效地完成旅游舆情监测	基本能够完成旅游舆情监测，但需要接受进一步的指导

 旅游大数据分析

任务 2 旅游舆情传播分析

[任务描述]

通过对2023年春节期间发生的"4个菜1500元"的旅游舆情危机进行时空演化过程分析，探析旅游舆情的传播机制，帮助大家在复杂的舆情环境中把握舆情危机传播的内在逻辑，丰富相关理论。

[任务目标]

- 理解旅游舆情传播机制。
- 了解旅游舆情传播途径。
- 掌握旅游舆情传播分析的内容。
- 熟练掌握旅游舆情传播分析的方法。
- 明白"互联网不是法外之地"，在网上言论自由的前提是遵守国家的法律法规，不信谣不传谣，不断提升自身的法律意识和媒体素养。

[知识准备]

一、旅游舆情传播机制

旅游突发事件的传播机制遵循一定的生命周期规律，这个发展周期因各类焦点言论或标志性事件，将会出现若干轮次的网络舆情，这几轮网络舆情大致可以概括为潜伏期、激发期、扩散期和消退期四个阶段。

（一）潜伏期

在这一阶段，早于或伴随着旅游突发事件的爆发，一起或数起标志性事件

出现，网络上已经传播一些相关信息，但因传播范围较小，尚未激起社会情绪，没有产生较大的社会影响。这一阶段，也是预防旅游突发事件爆发的黄金期，但由于事件处于萌芽、酝酿的初始阶段，所以也是最容易被相关部门忽视的时期。

（二）激发期

随着旅游突发事件的严重性升级，网络信息传播范围相应呈几何级数扩大，期间有可能由于"意见领袖"的加入，各类言论、看法、观点等迅速趋向集中，激起与旅游突发事件存在利益或非利益关系的人群的社会情绪。从这一阶段开始，旅游突发事件开始具备了公共性，影响范围逐步扩大，但仍然局限于与初始事件关系较为密切的社会人群。

（三）扩散期

在社会情绪被激发后，舆情达到一个高点，网络信息继续传播或者因谣言、信息噪音等发生变异，舆情管控部门开始介入，开展舆论引导、辟谣等工作。随着旅游突发事件处置的进展，网络上的各类观点开始分化，逐步形成不同的关注点，网络舆情在波动中继续发展，这种情况将持续较长一段时间。

（四）消退期

旅游舆情的消退，与几种因素有关，例如，相关部门采取的处置行动开始收到效果，旅游突发事件本身得到解决或趋于平息；出现新的舆论事件，原有的网络关注点发生转移，旅游舆情信息被搁置；即使旅游突发事件仍未解决，也未发生新的事件，仅仅随着时间的推移，旅游突发事件网络舆情也会逐渐淡出公众的视线，但这往往需要一个较长的过程，同时会降低相关部门的社会公信力，这种消极的网络舆情解决方式不足取。

二、旅游舆情传播途径

旅游舆情主要是通过社交媒体、网络论坛、短视频等平台传播的，具有开放性、匿名性及互动性等特点。

（一）社交媒体

以社交网站、微博、微信、博客、知乎为代表的社交媒体平台，已成为旅游舆情的主要发源地和传播推手之一。此外，像小红书等社区电商平台正逐渐成为旅游舆情的新源头，值得重点关注。

（二）短视频平台

在"随手拍""行走拍"十分普遍的移动端时代，短视频的现场感、即时性及连续性，使得网络信息的可信度得到有力背书，因此，短视频成为网民表达关注和诉求的主要方式，旅游舆情由此爆发。抖音、快手、哔哩哔哩、美拍等短视频媒体，由于信息发布门槛低，传播速度快、范围广，既能成为旅游舆情的发源地，也可作为旅游舆情的发布者。

（三）职场论坛

职场论坛上的内容多与企业相关，深入程度更高，特别是内部人员或相关人员的爆料往往更具威胁性，如脉脉、LinkedIn 领英、智联招聘、BOSS 直聘、看准网、拉钩招聘论坛等。

（四）商业财经类媒体平台

这类平台有同花顺财经、每经网、国际金融报网、时代在线、证券网、界面新闻、中新经纬、第一财经、中国经济时报、中国财经网、东方财富网、财经网、财新网、巨潮资讯、慧博网、凤凰财经等。

三、旅游舆情传播分析的内容

对于旅游舆情的传播分析，主要可以从舆情来源、传播路径、传播声量、传播地域、衍生话题、情感倾向、发展趋势七个方面展开。

（一）舆情来源

为了能够了解旅游舆情的滋生渠道，以便于干预，对旅游舆情来源进行分析就必不可少。为此，在进行全网旅游舆情监测收集的同时，应同步溯源分析，掌握旅游舆情发布的第一来源渠道，从而及时干预和引导，防止旅游舆情危机发生。

（二）传播路径

为了能够掌握当下的旅游舆情现状，方便下一步采取舆情应对措施，就需要对旅游舆情传播路径进行分析，对旅游舆情自动追踪，了解旅游舆情的整体传播现状，明确需要从哪些渠道进行舆情干预处理。

（三）传播声量

当旅游舆情滋生后，需要对旅游舆情进行评估，以合理安排舆情应对工作。而通常情况下，就是对旅游舆情传播的声量进行分析，自动统计旅游舆情在传播过程中的转载数、评论数、发布平台数等内容。

（四）传播地域

受各地文化差异、经济发展水平不一等各方面因素影响，旅游舆情传播过程往往具有明显的地域特征，比较常见的比如同一事件在不同的地域存在不同的热度差异、情感态度等，为了能够从整体上了解和掌握旅游舆情带来的影响，旅游舆情传播地域分析同样重要。

（五）衍生话题

互联网时代，在舆情传播中，受众不同对舆情信息的关注点也不同，从而使得舆情传递的某些信息受到过分关注或重新解读而触发新的舆论焦点，进而形成新的网络舆情即衍生舆情。在新媒体背景下，衍生舆情的现象频频出现，给旅游舆情管理提出了严峻挑战。

（六）情感倾向

不论是对于企业还是各级政府部门来说，旅游舆情滋生后，最重要的就是及时处理负面舆情，对网民和媒体的正面、负面、中立等舆情信息进行准确识别分析，并提供舆情预警通知，有针对性地进行引导处理，将危机造成的影响和损失降至最低。

（七）发展趋势

对旅游舆情的发展变化趋势进行实时监测分析，可以掌握舆情发展的脉络，做出有效的预测，防止二次或次生舆情的滋生。

四、旅游舆情传播分析的方法

旅游舆情传播分析是整合、汇总来自网络和其他数字化传播媒体的众多评论数据，发现各种趋势，预测社会对不同话题的反应并提出应对策略的一种数据挖掘研究方法。通过在不同时空范围内，综合整体的社会舆情，不仅能发现突变点，还能分析社会影响力指数，增强旅游实施策略的灵活性。

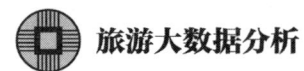

（一）文本分析

文本分析可以引用词语分析及模板分析等方法，提取网络中不同网站不同区域的文本信息，整合出一个主题或者观点，从而对结果进行深入分析，归纳出网络上旅游舆情的趋势等数据。该技术可以帮助旅游企业快速地从海量的语料中分析出想要的关键信息，从而迅速分析出热点。

（二）话题分析

话题分析可以帮助追踪不同时期的网络发言的变化，因此归纳出来的结果更加客观，评价更加有效。它可以依赖文本分析来整合语料，分析主题话题和不同观点，从而把握社会当前普遍反映的话题，提供准确的舆情分析依据。

（三）时序分析

时序分析是利用时间的顺序性研究数据随时间的变化，从而得出趋势、发展和规律等相关分析结果。它可以根据联络分析结果形成情感评分，通过社会媒体及其他新媒体，精准掌握社会舆情变化，并结合时序分析方法绘制出社会舆情变化趋势图，从而得到数据驱动及定量决策。

[任务实施]

步骤一：了解"4个菜1500元"事件概况

2023年1月24日，有游客爆料广西壮族自治区北海市银滩游玩后，被一出租车司机带去饭店用餐被宰。游客称，上了4个菜，花了1500元，怀疑自己"被宰"。另一名游客武先生表示他也在同一餐厅遇到了高菜价的问题。他告诉记者，1月25日，农历大年初四，自己与家人驾车到北海银滩游玩。晚上7点左右，一家人来到景区附近的某海鲜加工城就餐。武先生称，店里就餐的人很多，自己和家人等了一个多小时，店员才端上两条鱼、两斤花甲、一碗用其中一条鱼的鱼头和鱼尾煲的汤、一碗米饭和一盘青椒土豆丝，结账时，一共需要支付1585元。

1月27日，时间视频、虹新闻、每日经济新闻、成都商报红星新闻、21财闻汇、中国青年网、新黄河、中国基金报等媒体先后发布了该事件的采访视频和新闻报道，事件在新闻媒体、网络达人的传播带动下，开始在社交平台、App、视频平台、新闻网站、微信、论坛等引发网民大范围传播并迅速引起热议。1月27日下午，记者从北海市银海区人民政府办公室获悉，已经接到投诉，当地监管部门正在核实处理，同时，北海市旅游文体局一位工作人员表示，当地交通管理部门正在排查涉事司机，如果确实存在利益链条，一定会查处。

1月28日凌晨4：34，北海市场监管微信公众号发布北海市关于"4个菜1500元"的调查处理情况。北海市市场监管局调查发现，该餐厅存在支付出租车司机回扣招揽客人、未与消费者充分沟通即匆忙配菜下单、部分海鲜经烹饪后分量略少等问题。责令餐厅店家停业整顿、限期整改并立案处罚。对涉事出租车司机，相关部门已责令出租车公司对其进行约谈、罚款和限期停运等处罚。同时，北海市将进一步加大旅游消费市场秩序整顿，对欺客宰客行为零容忍，严肃查处各类侵害消费者合法权益的行为，一经发现决不姑息。绝不允许极个别不良经营户破坏北海旅游市场秩序、损害广大守法经营商户的良好口碑，大家要全力维护城市形象。

步骤二："4个菜1500元"事件网络舆情传播的时间变化分析

综合利用百度指数、微信指数和360指数，以"4个菜1500元"为关键词，收集2023年1月25日至2月3日我国34个省级行政区每天的网络关注度（表3-8），用以分析网络舆情传播的时空变化。事件起点时间的选取依据是事件爆出时间，终止时间的选取依据是网络关注度下降的趋势趋于稳定时。

表3-8 "4个菜1500元"事件网络关注度

日期	网络关注度
1月25日	3523
1月26日	57 961
1月27日	564 344
1月28日	4 970 4111
1月29日	9 964 064
1月30日	1 677 824
1月31日	253 531

续表

日期	网络关注度
2月1日	660 954
2月2日	117 028
2月3日	43 285

图3-2是2023年1月25日至2月3日"4个菜1500元"事件的网络关注度，从图中可以看到该事件网络舆情峰值主要集中在1月28日，发展大致经历了潜伏期、激发期、扩散期、消退期4个阶段。

1. 潜伏期

1月25日至1月26日为潜伏期，1月25日网络关注度为3523人次，1月26日网络关注度为57 961人次，较前一日增长54 438人次，增长率为1545.2%，无媒体关注度。

2. 激发期

1月27日为激发期，网络关注度为564 344人次，较前一日增长506 383人次，增长率为873.5%，媒体关注为892家。

3. 扩散期

1月28日为扩散期，网络关注度为49 704 111人次，较前一日增长49 139 767人次，增长率为8707.4%，媒体关注为1653家，网络舆情达到顶峰。

4. 消退期

1月29日至2月3日为消退期。1月29日网络关注度为9 964 064人次，较前一日下降39 740 047人次，下降率为398.8%，媒体关注为1597家；1月30日网络关注度为1 677 824人次，较前一日下降8 286 240人次，下降率为493.9%，媒体关注为1205家；1月31日网络关注度为253 531人次，较前一日下降1 424 293人次，下降率为561.8%，媒体关注为1082家；2月1日网络关注度为660 954人次，较前一日增长407 423人次，上升率为61.6%，媒体关注为1093家；2月2日网络关注度为117 028人次，较前一日下降543 926人次，下降率为464.8%，媒体关注为967家；2月3日网络关注度为43 285人次，较前一日下降73 743人次，下降率为170.4%，媒体关注为753家，网络舆情逐步消退。

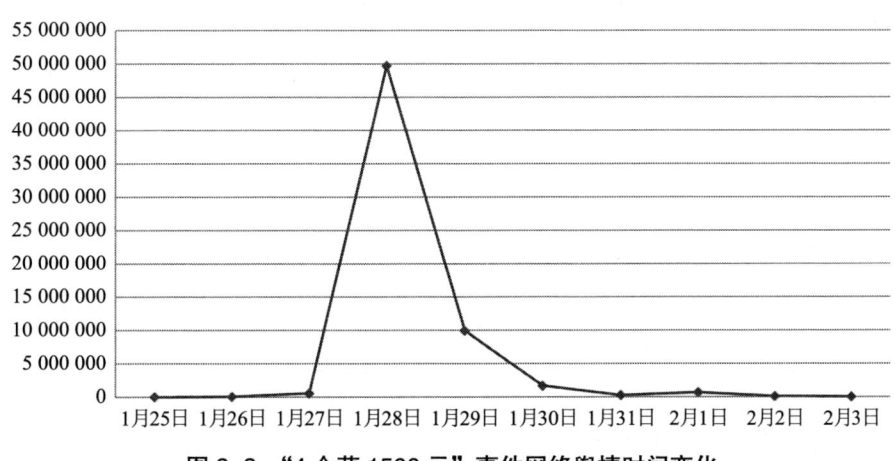

图 3-2 "4 个菜 1500 元"事件网络舆情时间变化

步骤三："4 个菜 1500 元"事件网络舆情传播的空间演变分析

对 2023 年 1 月 25 日至 2 月 3 日 34 个省级行政区的网络关注度作统计（表 3-9），并依据舆情强弱将 34 个省级行政区划分为 4 个档次，其中海南网络舆情强度最大，网络关注度总值超过 8 000 000 人次；其次是重庆、云南，网络关注度总值在 4 000 000 至 7 000 000 人次之间；浙江、江苏、安徽、四川、上海、北京、天津、河北、福建、山东、山西、江西、河南、陕西、甘肃、湖北、贵州、广东、内蒙古、广西、辽宁、吉林、黑龙江位于第三档次，网络关注度总值在 1 000 000 至 3 000 000 人次之间；西藏、澳门、香港、湖南、青海、宁夏、新疆、台湾的网络舆情强度最弱，网络关注度总值在 1 000 000 人次以下。

1 月 25 日事件爆料当天，34 个省级行政区的总网络关注度为 3523 人次，各省区的网络关注度均在 300 人次以下，网络舆情强度较低；1 月 26 日 34 个省级行政区的总网络关注度为 57 961 人次，网络舆情呈上升趋势；1 月 27 日 34 个省级行政区的总网络关注度为 564 344 人次，网络舆情全面爆发。

1 月 28 日，34 个省级行政区的总网络关注度为 49 704 111 人次，约是 1 月 27 日的 88 倍，网络舆情达到顶峰。其中，海南、重庆、云南、江苏、浙江的网络关注度均大于 2 000 000 人次，网络舆情最强；其次是安徽、四川、上海、北京、天津、福建、河北、山东、江西、山西、河南，网络关注度在

1 000 000 至 2 000 000 人次之间；甘肃、湖北、内蒙古、陕西、广西、辽宁、吉林、贵州、广东、黑龙江、西藏 11 个省区的网络舆情较弱，网络关注度在 500 000 至 1 000 000 人次之间；湖南、新疆、青海、宁夏、香港、澳门、台湾 7 个省区的网络舆情最弱，网络关注度小于 500 000 人次。

1 月 29 日舆情开始消退，关注该事件的人数在逐渐减少，网络舆情强度逐渐降低。2 月 3 日，34 个省级行政区的网络关注度仅为 43 285 人次，较峰期下降了 99.91%，各省区的网络关注均在 2500 人次以下。

表 3-9　34 个省级行政区对 "4 个菜 1500 元" 事件的网络关注度

行政区	1.25	1.26	1.27	1.28	1.29	1.30	1.31	2.1	2.2	2.3	总计
北京	295	1773	25 137	1 656 901	356 249	41 336	10 589	29 537	1128	2216	2 125 162
天津	164	1632	23 271	1 565 870	369 342	27 707	9851	28 756	2335	1596	2 030 524
河北	89	1864	22 843	1 504 223	401 568	31 231	11 053	23 531	2306	736	1 999 445
山西	32	1633	19 656	1 260 348	318 564	36 235	7549	20 857	4866	344	1 670 085
内蒙古	21	1596	17 483	984 756	287 539	18 266	9857	15 665	6080	1965	1 343 227
辽宁	37	1858	18 366	873 624	239 866	77 445	7658	16 979	46	571	1 236 450
吉林	20	1042	16 205	862 541	256 341	38 453	9558	10 205	2743	1476	1 198 584
黑龙江	33	1885	13 934	754 986	231 819	45 395	8946	9581	5484	1424	1 073 487
上海	267	2347	26 451	1 758 943	332 718	20 833	10 523	26 798	3164	1679	2 183 722
江苏	145	1858	22 396	2 085 673	315 265	39 875	9562	27 653	2029	151	2 504 607
浙江	138	1962	21 145	2 076 451	348 579	68 180	11 056	26 751	721	998	2 555 980
安徽	122	2064	19 653	1 939 674	329 613	35 989	6759	22 436	1921	394	2 358 625
福建	156	1872	17 470	1 546 283	305 225	57 001	10 072	29 856	994	335	1 969 264
江西	86	1797	19 562	1 323 659	256 949	31 392	7532	22 493	2404	2213	1 668 087
山东	116	1996	19 327	1 424 565	374 832	74 821	9980	23 109	5351	580	1 934 677
河南	124	1677	20 503	1 206 987	356 583	3140	9336	24 395	146	322	1 623 214
湖北	156	2301	21 017	985 763	310 241	37 443	7982	20 469	3118	2407	1 390 896
湖南	108	1950	19 938	120 406	298 562	96 035	9852	27 395	5598	1761	581 604
广东	263	2013	27 469	853 166	395 742	46 144	9208	28 564	2709	1191	1 366 469
广西	279	2201	26 354	919 351	244 509	91 046	9521	24 865	2224	1674	1 322 024
海南	102	1662	21 519	8 006 981	286 745	91 234	8939	21 693	6409	56	8 445 340

续表

行政区	1.25	1.26	1.27	1.28	1.29	1.30	1.31	2.1	2.2	2.3	总计
重庆	198	2006	21 963	6 123 966	277 197	33 547	8636	26 588	1257	2283	6 497 641
四川	157	1935	23 279	1 894 517	364 350	13 912	9431	23 826	3588	1384	2 336 379
贵州	53	1758	15 622	853 445	386 417	77 135	6568	20 567	6560	2305	1 370 430
云南	73	1969	13 532	3 655 320	269 137	97 377	3665	19 688	6173	1378	4 068 311
西藏	10	1407	10 650	562 341	404 069	1725	1592	5309	5732	1276	994 111
陕西	104	1646	19 681	968 531	368 736	45 786	7956	24 550	8428	1095	1 446 513
甘肃	59	1283	15 052	989 634	341 869	27 946	5762	9868	4102	1497	1 397 072
青海	43	1259	976	58 065	322 101	4032	2357	8533	1197	22	398 584
宁夏	26	1332	853	45 628	64 141	87 355	4932	9906	4268	2161	220 602
新疆	30	1117	965	77 865	8661	83 655	3468	5483	4434	2202	187 880
香港	12	1267	87	395 321	116 131	86 886	2105	8436	5369	801	616 415
澳门	5	1033	985	364 322	357 613	22 449	1089	13 526	3645	1732	766 399
台湾	0	966	1000	4005	66 791	86 818	587	3086	502	1060	164 814
合计	3523	57 961	564 344	49 704 111	9 964 064	1 677 824	253 531	660 954	117 028	43 285	63 046 625

[任务总结]

本任务运用百度指数、微信指数、360指数等工具,对"4个菜1500元"网络舆情事件的传播机制进行了综合分析。通过本任务的学习,让学生了解旅游舆情的传播机制、传播途径和传播分析方法。

[任务实训]

1. 实训目的

掌握旅游舆情的传播机制、传播途径和传播分析方法,并能够对分析结果进行解读。

2. 实训要求

参照本任务案例,针对2023年春节期间"网红店排队4538桌"事件进行传播分析。

3. 操作步骤

（1）了解"网红店排队 4538 桌"事件概况。

（2）"网红店排队 4538 桌"事件网络舆情传播的时间变化分析。

（3）"网红店排队 4538 桌"事件网络舆情传播的空间演化分析。

根据分析结果填写表 3-10。

表 3-10　分析结果摘要

起点时间	
终止时间	
单日最大网络关注度	
舆情达到峰值时间	
网络舆情最强省份	

4. 自我评价

通过实训，进行自我评价，评价量表如表 3-11 所示。

表 3-11　旅游舆情传播分析评价

评价要素	评价标准		
	优秀	良好	合格
熟练掌握旅游舆情传播分析方法	高质量与高效地完成旅游舆情事件传播的时间空间分析，并能提出新颖的想法	能高质与高效地完成旅游舆情事件传播的时间空间分析	基本能够完成旅游舆情事件传播的时间空间分析，但需要进一步指导

任务 3 游客满意度分析

[任务描述]

监测微博和各大 OTA 论坛上对于景区的评价数据，从不同的维度对采集到的数据进行量化分析，从而得到游客对于景区的满意度，以便景区改善管理、提升服务及进行营销定位。

[任务目标]

- 了解游客满意度分析的基本概念。
- 知道游客满意度分析的目的。
- 理解游客满意度分析的内容。
- 熟练掌握游客满意度分析的方法和流程。
- 深刻认识"绿水青山就是金山银山"理念的科学内涵和深远意义。

[知识准备]

一、游客满意度分析概述

（一）游客满意度分析概念

游客满意度，也称游客情感满意度，是游客到游玩旅游目的地后将游后体验与游前期待进行比较后的一种心理态度。游客满意度作为评价旅游目的地的一项重要指标，影响了游客对旅游目的地的评价，比如是否增强消费、是否会重游、是否会介绍给他人等，继而潜移默化地影响到旅游目的地的经济社会发展。随着游客满足自身期望需求的日益增强、旅游市场竞争的日益加剧，旅游企业必须考虑从游客满意的角度提供旅游产品和服务。

游客满意度分析是指通过获取游客在满意度方面表达出来的信息数据，依据既定的计算方法和指标体系，得出全面而量化的游客满意度结论的行为。通过游客满意度分析，我们能够获知游客到底需要什么，旅游目的地在哪些方面需要改进，政府需要出台怎样的政策来推动旅游目的地各方面的发展，从而对旅游目的地实施行政监管以提升全域旅游服务能力。这一过程对旅游业的可持续发展具有重要意义。

（二）游客满意度分析目的

1. 全面摸清旅游消费行为，以有的放矢地引导市场

通过持续开展游客满意度分析，深入了解游客对于旅游服务消费环节，包括交通、景点、酒店、购物、文化、娱乐等方面的评价，全面分析各类旅游消费行为，以有的放矢地引导市场，提升服务质量，营造舒适、文明、和谐的旅游消费环境。

2. 系统分析旅游消费评价，切实提高消费者满意度

根据游客行为研究的调查数据，满意度较高的游客平均向 3 个人传播口碑，而满意度较低的游客会向 9~10 个人抱怨其经历，通过定期开展的连续性调查，系统分析旅游消费评价和影响因素，了解游客的期望与实际评价之间的差距，实现满意度连续动态监测，能切实提高游客满意度，树立卓越的旅游市场品牌，打造良好的旅游消费口碑，提升旅游消费魅力。

3. 建立立体化的旅游消费监测机制，动态跟踪发展趋势

针对旅游市场季节性变化明显、市场弹性大的特点，通过定期开展游客满意度的连续性分析，建立旅游消费监测数据库，积累纵向分析数据，以进行时间序列分析，动态跟踪旅游消费市场的变化和发展趋势，及时进行产业预警和调整，推动旅游经济快速、健康、稳定地发展，并及时发现旅游新兴市场，为旅游产业的升级提供准确的信息支持。

二、游客满意度分析内容

游客满意度是游客对旅游目的地的真实反馈，对推进文化和旅游产业深入融合、全域旅游战略深入推进、旅游环境持续改善、旅游要素全面提升等都具有较强的参考价值。游客对旅游过程中接受的各项服务的满意程度会影响到其对旅游目的地的总体评价，因此游客满意度分析的内容应涵盖"吃、住、行、游、购、娱"六大旅游要素。从旅游目的地深化管理的视角看，游客接受的服务可分为交通服务、餐饮服务、住宿服务、购物服务、娱乐服务、游览服务、自然环境、社会环境八个维度。

1. 交通服务

这里的交通包括内部交通和外部交通。内部交通即游客在旅游目的地游览时的交通情况，如景点和景点之间的摆渡车船及道路等；外部交通指从其他地方到达旅游目的地的交通情况，如公交、铁路及航空等。衡量游客对交通服务满意程度的因素主要有：交通工具是否安全、外部交通与内部交通衔接是否便利、景区路况的好坏、交通标识牌的清晰度、景区停车是否便利、停车环境如何等。

2. 餐饮服务

餐饮是保证游客旅游行程能够持续进行下去的基础性支撑要素，游客在旅游途中或在旅游目的地的饮食状况直接影响其对该次旅游行程满意度的评价。衡量游客对餐饮服务满意程度的因素主要有：餐饮场所的清洁度、餐饮食品的安全卫生、餐具的卫生、餐饮产品的种类、餐饮单位的数量、餐饮单位的类型等。

3. 住宿服务

住宿服务是向游客提供休息与享受的服务，是游客在旅行游览活动中必不可少的重要环节。衡量游客对住宿服务满意程度的因素主要有：房间布局、建筑类型、装修风格、安全卫生、交通便利程度、经营是否规范、经营者及服务人员的态度和专业水平等。

4. 购物服务

旅游购物是发生在旅游过程中的购物行为，它既包含了旅游购物本身，同时也涵盖了旅游活动要素，是游客了解旅游目的地的一个重要渠道。游客通过购物环节可以加深对旅游目的地民俗民风的了解，增长旅游知识。衡量游客对购物服务满意程度的因素主要有：商品价格、商品质量、商品种类、商品包装

与标识、服务人员数量、服务响应、地方特色、基础配套、服务设施等。

5. 娱乐服务

娱乐服务是为游客提供的以消遣放松获得精神愉悦和身心平衡为目的的多种旅游活动方式和服务的总称，它能够增强游客体验感，提高游客满意度。衡量游客对娱乐服务满意程度的因素主要有：娱乐设施安全、娱乐服务的特色、趣味性、场所卫生、服务人员素质、服务态度、服务效率等。

6. 游览服务

从游客的角度来看，参观游览通常是其出游的主要目的，也是其消费旅游产品的主要组成部分。从接待游客的导游员的角度来看，参观游览服务是导游服务的中心环节。因此，参观游览的成功与否往往成为评判导游服务质量高低的一个重要因素。衡量游客对游览服务满意程度的因素主要有：旅游费用、旅游行程、导游服务、景点讲解、景区及周边秩序、景区环境、民族风情、特色表演等。

7. 自然环境

自然环境各要素对旅游活动具有独特的吸引作用，自然环境的差异性所形成的旅游资源的互补性是旅游活动发生的根本原因，消费者在旅游活动中，往往会首选自然环境优美、安全的区域。衡量游客对自然环境满意程度的因素主要有：地质地貌环境、水体环境、大气环境、动植物环境等。

8. 社会环境

旅游社会环境是一定地域范围内以人为中心，围绕旅游活动而形成的各种社会、经济和文化因素及其相互作用关系的总和反映。衡量游客对社会环境满意程度的因素主要有：城市交通的便利性、旅游品牌形象、整体旅游氛围、城市环卫、安全感、居民友好程度、城市公共设施的分布等。

三、游客满意度分析方法

目前，对我国游客满意度的实证研究所使用的分析方法主要有 IPA 分析法、模糊综合评价法及灰色关联分析法。

（一）IPA 分析法

IPA 分析法广泛应用于营销领域，是一种用来测评顾客对于企业产品及其所提供服务的心理预期和感知表现的分析方法，其优势是低成本且高效率。IPA 分析法的思想很简单，就是让用户评估某一项服务属性在其眼中是否重要和是否令其满意，为此需要对这两方面打出具体的分数，然后将所得分数作为坐标值绘制于二维坐标系中。在二维坐标系中，横坐标和纵坐标分别表示该服务属性在游客眼中的重要程度和游客对于该服务属性的满意度。其中，将重要性和满意度各自总得分的平均值作为划分点，以此来评判各个服务属性的得分高低，为此该坐标系分成了四个象限（图 3-3）。

图 3-3　IPA 分析

各象限分区具体解释如下。

第一象限（优势区）：该区域内指标在游客心中的重视程度是很高的，而且实际表现情况游客也很满意，应该作为优势继续保持下去。

第二象限（机会区）：该区域内指标对于游客来说并不是很重要，然而实际表现情况令游客很满意，可以作为机遇发展下去。

第三象限（劣势区）：该区域内指标在游客心中的重视程度不高，且实际表现情况也不是很令游客满意，优先级处于低顺位。

第四象限（改进区）：该区域内指标在游客心中的重视程度是很高的，但是实际表现情况令游客不满意，因此需要进行关注与改进。

（二）模糊综合评价法

模糊综合评价法由中国学者汪培庄最早提出，该方法以模糊数学的隶属度理论为基础，将定性评价转化为定量评价，即对一些复杂的、受多种因素影响的事务运用模糊数学的思想进行总体评价。该方法的优点是系统性比较明确，结果清晰，适合解决各种非确定问题，如一些难以量化、比较模糊的问题。因此，在衡量游客满意度这类受多种因素影响、具有不确定性的问题时，使用模糊综合评价法是一个不错的选择。该方法的主要步骤如图3-4所示。

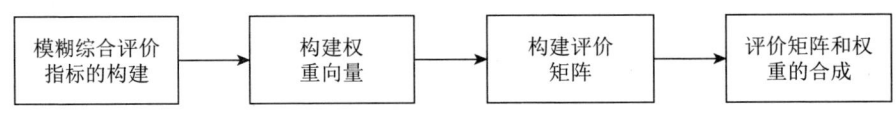

图3-4　模糊综合评价主要步骤

（三）灰色关联分析法

灰色关联分析法是根据因素之间发展趋势的相似或相异程度，从而找出各因子之间的影响关系及影响行为的主要因子，是衡量因素间关联程度的一种重要方法。作为一种对系统动态发展态势进行量化分析的方法，它在游客满意度测评中得以广泛应用。

四、游客满意度分析流程

据项目需要，游客满意度分析将按照如下流程进行，见图3-5所示。

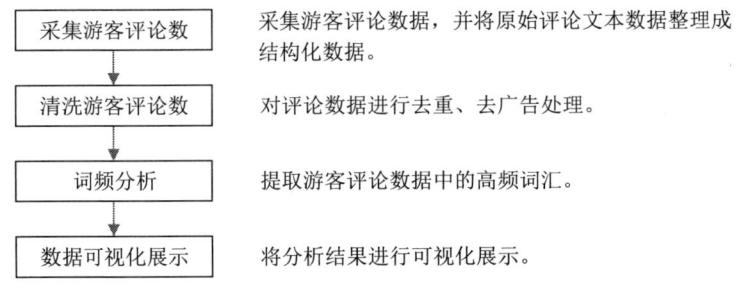

图3-5　游客满意度分析流程

项目三
旅游情绪监测与分析

[任务实施]

步骤一：数据采集

真实的游客意见往往会更多地显示在 OTA 平台的游客评价中，也有一些会出现在地方论坛中，较少会出现在一些旅游新闻的评论中及其他媒介中。从旅游大数据实践的角度来看，游客满意度分析所用数据主要针对主流的 OTA 进行采集。

操作视频 3-1：利用八爪鱼软件采集数据

下面，我们利用八爪鱼软件采集携程网上关于"千岛湖"景点的评价数据。

1. 打开网页

在浏览器中打开携程旅行网，搜索"千岛湖"，在打开的页面上点击"千岛湖景区"，复制该页面的网址。打开八爪鱼软件，在首页左上角点击"新建"——"自定义任务"，将复制好的"千岛湖景区"页面的网址"https：//you.ctrip.com/sight/chunan2249/135831.html"粘贴至网址输入框中，并点击"保存设置"，八爪鱼中内置的浏览器会自动打开携程的"千岛湖景区"网页。同时可以看到，流程中已自动创建"打开网页"步骤，如图 3-6 所示。

图 3-6　打开网页

2. 创建"循环翻页"，采集多页数据

选择当前页面底部的"下一页"按钮，在操作提示上单击"循环点击下一页"，创建"循环翻页"。

| 101

3. 创建"循环列表",提取评价

选中页面上一个用户的评价列表(注意一定要选中整个列表,包含所有所需字段),点击"选中全部子元素"—"选中全部相似组"—"元素中数据内容",此时,页面下方"数据预览"区域会出现采集到的数据。接下来,删除不需要的字段并修改字段名称。

4. 启动采集

点击右上角的"保存",单击"采集"并点击"普通模式",启动后八爪鱼开始自动采集数据。

5. 导出数据

采集完成后,点击"导出数据",选择"去重数据",如图3-7所示。选择合适的导出方式来导出数据。支持导出为Excel、CSV、HTML、JSON、数据库等格式,这里导出为CSV文件。

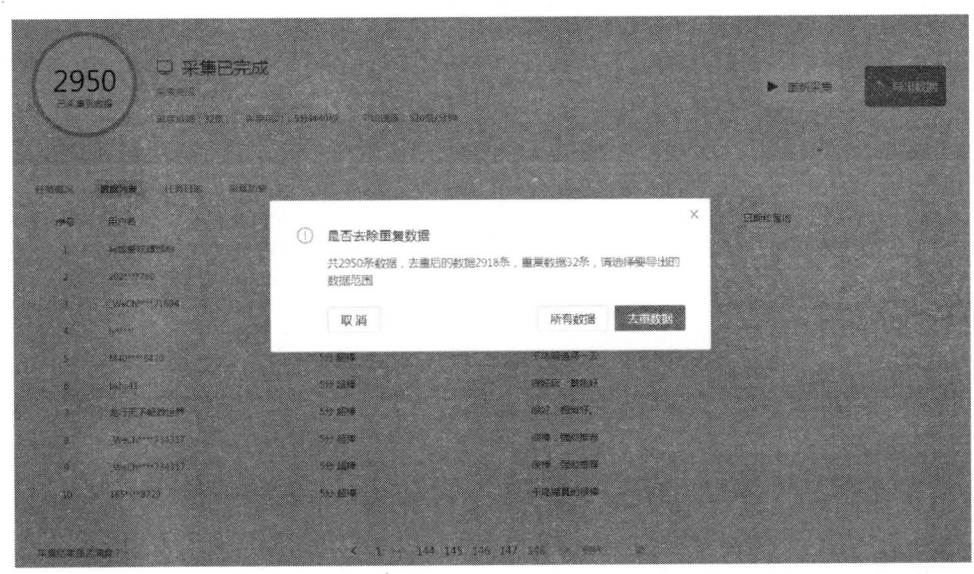

图3-7 数据去重

步骤二:数据清洗

数据清洗是对数据进行重新审查和校验的过程,目的在于删除重复信息、纠正存在的错误,并提供数据一致性。本数据集是在携程旅行网上爬取的数

据，具有一定的噪声，需要对不准确、不完整、不合理、格式、字符等不规范数据进行过滤清洗，从而使后续的数据分析应用更为准确。

下面，我们利用 OpenRefine 软件来清洗"千岛湖"景点的评价数据。

操作视频3-2：利用OpenRefine软件清洗数据

1. 创建新项目

运行 OpenRefine，点击"选择文件"，上传前面采集到的"千岛湖"景点评价数据文件，点击"下一步"，点击"新建项目"。

2. 数据清洗

数据加载之后，对"评分"列进行"文本归类"，删除评分为空的数据行，再将"评分"列从分数和对应等级中间分割为两列，如图3-8所示。

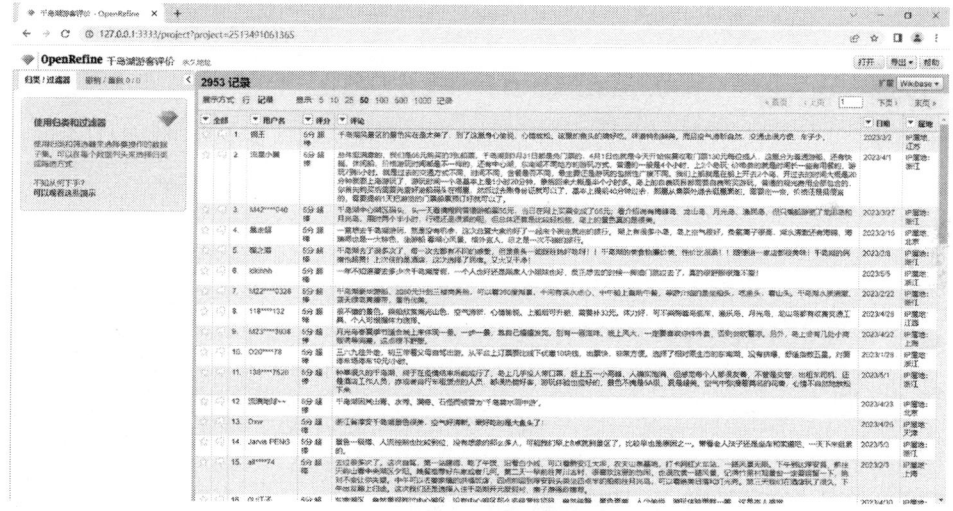

图 3-8　数据清洗

3. 导出数据

清洗完成后，点击"导出"，选择合适的导出方式，这里导出为 Excel 文件。

步骤三：词频分析

词频分析是一种对文献正文中重要词汇出现的次数进行统计、分析，以选出频次最高的词汇来表达文献的主题内容的方法。统计高频词的可以对文本内容进行定量分析。本文采用的是在线词频分析工具美寄词云。

操作视频3-3：
利用美寄词云进行
词频分析

1. 导入数据

打开美寄词云，点击"开始词频分析"，将"千岛湖评价文件"中"评论"列的数据复制到"文本内容"框中。

2. 词频分析

点击"词频分析"按钮，得到词频列表，如图3-9所示。可以看到"千岛湖"这个词出现的频率最高，有1719次，"不错"出现了870次。点击"生成柱状图"，可以生成词频分析TOP200柱形图，如图3-10所示。

图 3-9 词频列表

项目三
旅游情绪监测与分析

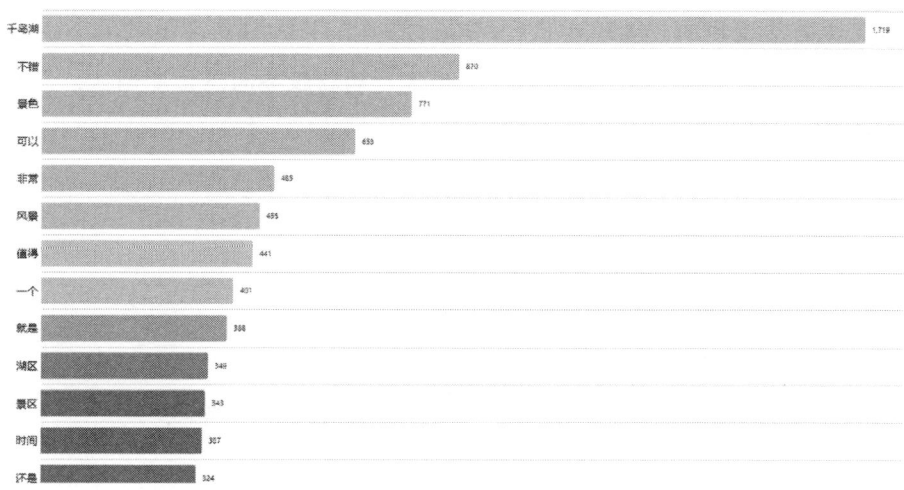

图 3-10　词频分析 TOP200 柱形图

3. 导出词频列表数据

点击"导出 CSV 文件",将词频列表文件以 CSV 格式保存。

4. 生成词云图

点击"普通词云图",生成词云图,如图 3-11 所示。

图 3-11　词云图

步骤四:数据可视化展示

1. 游客满意度总体评价

根据上一步导出的词频列表数据,制作可视化图表。图 3-12 表示在当前筛选条件下，游客对景区八大维度的满意度情况。分值范围为 0-10 分，分数越高表示满意度越高。可以看出，游客对游览服务和自然环境的满意度非常高，这也是该景区的核心竞争力所在，游客对购物服务的满意度偏低，需要继续提升景区的管理水平。

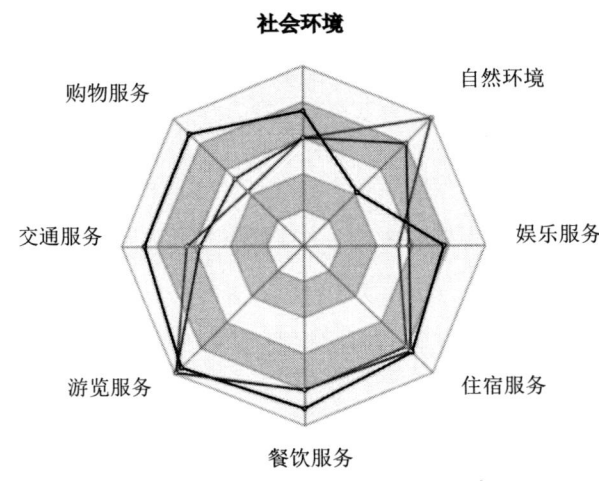

图 3-12　游客满意度雷达图

2.情绪占比

图 3-13 和图 3-14 表示在当前筛选条件下，以分析系统 50 余项满意度评价小指标为基础，游客最满意的指标和最不满意的指标。

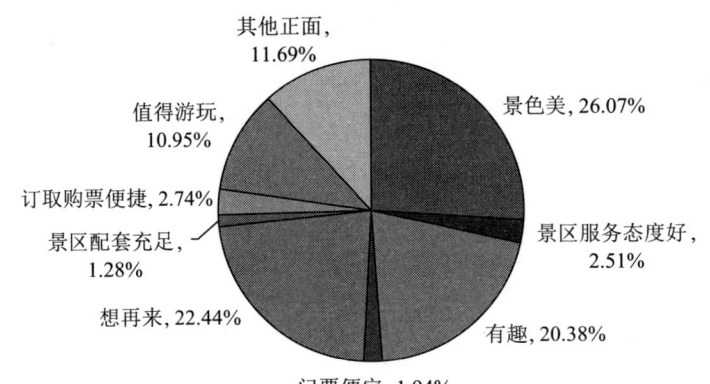

图 3-13　游客正面情绪占比

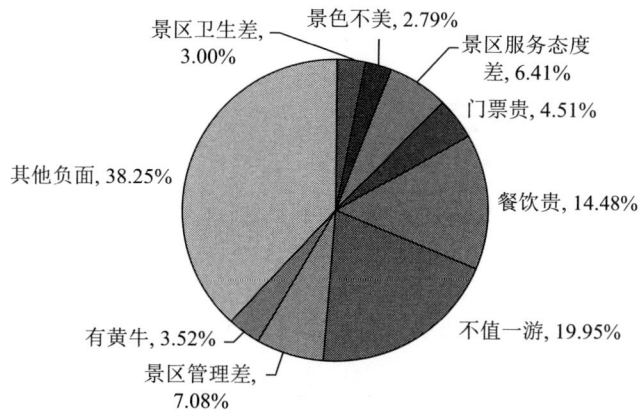

图 3-14 游客负面情绪占比

3. 数据来源占比

表示在当前筛选条件下，各个来源类别在总数据量中的占比情况（图 3-15）。

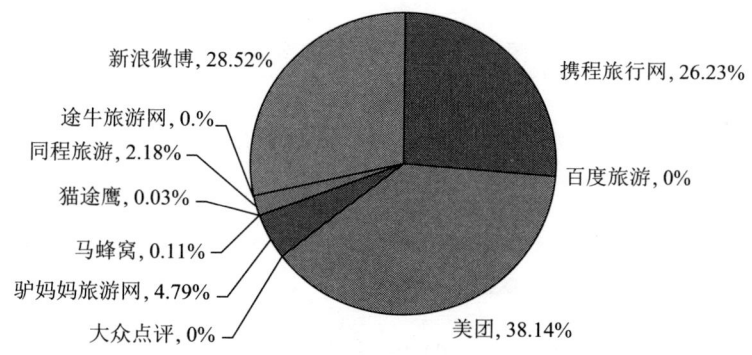

图 3-15 数据来源占比

[任务总结]

本任务通过运用工具采集 OTA 旅游类平台的游客评价数据，对其进行游客满意度分析并进行可视化展示。通过本任务的学习，学生可了解游客满意度的基本概念、分析内容、分析方法和分析流程。

[任务实训]

1. 实训目的

掌握游客满意度分析的方法、流程,并能够对分析结果进行解读。

2. 实训要求

参照本节课案例,针对晋祠景区进行游客满意度分析。

3. 操作步骤

爬取参数选择,并将结果填入下方表格(表3-12)。

表3-12 爬取参数选择

参数选择	
返回链接	
返回内容	
数据清洗	
特征词提取	

4. 自我评价

通过实训,进行自我评价,评价量表如表3-13所示。

表3-13 旅游满意度分析评价量表

评价要素	评价标准		
	优秀	良好	合格
熟练掌握游客满意度分析的方法、流程	高质量、高效地完成游客满意度分析,熟悉其中原理,并能提出新颖的想法	能高质与高效地完成游客满意度分析	能基本完成游客满意度分析,但需要进一步指导

项目四
旅游客流监测与分析

▌项目概述▐

旅游客流量是指单位时间内进入某个旅游景点的人数,是反映该景点人气和价值的一个重要指标。分析客流的指向性,比如针对某一景区客流量的监控和分析可以快速了解客流在各景点的分布情况,进而帮助景区改进管理、营销、决策及进行需求预测。另外,对于一些重点景区,如上海南京路、外滩等人流量密集的区域,尤其是在节假日期间,实时监控客流量和客流分布并进行大客流预警有着重要的安全意义。

旅游大数据分析

职业素养园地

当今世界,科技革命和产业变革日新月异,数字经济蓬勃发展,深刻改变着人类的生产生活方式,对各国经济社会发展、全球治理体系、人类文明进程影响深远。同学们在掌握专业知识的同时要理解旅游业数字化创新的深刻含义和深远意义,理解加快推进以数字化、网络化、智能化为特征的智慧旅游的必要性和重要性,理解旅游行业和谐健康发展的重要性。

思维导图

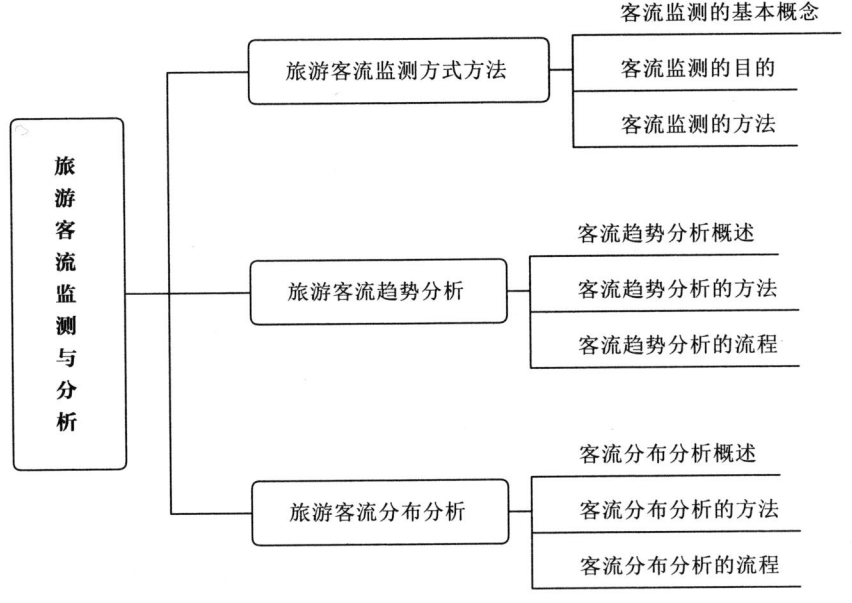

任务 1 旅游客流监测方式方法

[任务描述]

通过不同的方式方法，获取景区客流量，为景区管理、景区营销、服务与规划、需求预测等提供支持。

[任务目标]

- 了解客流监测的基本概念。
- 知道客流监测的目的。
- 理解客流监测的各种方法。
- 通过客流监测方式方法，让同学们在掌握专业知识的同时理解"创新"的深刻含义和深远意义。

[知识准备]

一、客流监测的基本概念

客流量监测是通过特定的设备和系统软件，精准监测各景点天、周、月、年等各时间段内的人流量情况的方法，数据能够通过后台或前端大屏进行呈现，为景点管理等提供数据上的支持。

二、客流监测的目的

旅游景区客流量监测是全国智慧旅游建设的重要内容之一，能为景区流量控制、游客分析、交通疏导、安全管理、大数据营销等提供翔实数据，并通过

旅游大数据分析

对数据的统计分析为旅游部门旅游综合管理与精准营销提供科学准确的决策依据,并且可以很好地规划目标区域的布局以及未来商业规划。

(一)有效分配人员,强化管理

通过客流量统计,实时统计时、日、周、月、年的客流,进行数据分析,景区管理者可以了解周末、节假日与日常客流量的对比变化,并且根据客流量变化,科学有效地分配管理和维护人员,强化景区管理。

另外,可根据客流情况,分析客流的分布规律,了解各景点的受欢迎程度及游客的行程路线,为景区的后期运维建设提供数据支撑。

(二)预防突发事件,科学预警

通过客流量统计分析,显示当前客流状态和变化趋势,管理人员可以对客流量比较大的区域采取预防突发事件的措施,分流游客,并根据各区域的人流量有效疏导游客,避免客流量过密发生踩踏事故。

(三)精准营销

通过历史数据分析,掌握客源的规律,根据客流流向特征制定相应的营销计划。通过对客流人数、各区域滞留人数、顾客平均滞留时间等数据的统计,并结合人的心理及消费特征,进行相应的商品促销活动,确保顾客在景区的滞留时间内进行有效购物,从而促进消费,提高景区总体收益和销售额。

三、客流监测的方法

(一)人工统计

早期传统的客流统计方式是人工,即由人工对某区域出入人数进行统计。这种方式不仅效果上不理想,而且人力成本更是巨大,采集的数据还不具备直接应用于决策运营的应用服务的条件,必须进行数字化处理和进一步加工。

(二)计数通道闸机

常用的通道闸机设备有三辊闸、翼闸、摆闸、速通门等。实现原理:入口和出口处安装闸机设备,通过各类验证方式实现一闸一人的统计,实时准确掌握出入园及在园的游客数量,这种方式统计的准确率相对较高。但是对于开放式景区而言,这种方法将会导致巨大的客流疏导工作,并且极易造成游客排队

时间过长等问题。另外，采用这种方式统计游客量，需要在景区的所有大小出入口全部安装闸机，由于闸机本身价格昂贵，这样下来成本比较高，并且常年维护和维修闸机的成本也会比较高。

（三）售票系统

售票系统采用的常见设备为线上线下购票相结合的票务系统，以票数计人数，统计好线上及线下售票的总售票量用以计算客流量。其实现原理为，通过数据积累和门票预约功能，实现对景区客流量的预先计算。这种方式的优点是成本低，不需要额外增加客流统计设备。但同时这种方式也存在一些弊端，如客流数据滞后，并且对于免费景区及一些老人儿童免票的景区非常不适用。

（四）红外线设备

红外线设备通常指在景区的所有通道两端安装的红外发射机和红外接收机。其实现原理是：在景区的所有门或者通道的左右两侧，当有人或物体通过时阻断红外线的发射与接收将产生一个客流数据。这款产品成本较低，而且无须游客做任何配合动作，但由于户外景区太阳光中的红外光会对设备产生较大干扰，从而导致客流量统计的准确率下降。另外，这款产品并不能识别阻挡的是物还是人，因此，在景区使用时，误差将会比较大。

（五）视频客流监控系统

视频客流监控系统摆脱了人力束缚，可以做到24小时全天候不间断客流监测，是目前常用的一种客流量监测技术。这种方法通过在大门、通道、分流点处安装基于3D双目机器视觉技术的视频监控设备，对视频数据进行分析，从而实现客流量监测。其原理是：使用嵌入式摄像镜头采集视频，对两个摄像头的视频图像进行视差计算，形成视频中人的3D图像，分析人体的形状和高度，根据区域和方向的设定来统计通过人数。

（六）Wi-Fi设备

基于Wi-Fi统计，在景区内覆盖Wi-Fi网络，当游客连接景区开放式Wi-Fi时，Wi-Fi探针设备通过获取游客手机的MAC地址量来计算游客量。因此，这种方法便于统计某一区域内的客流总数，但如果游客手机并未连接Wi-Fi或手机关闭，那么这名游客就没有办法被统计到。同时，游客一人携带多部手机或者是老人儿童并未携带手机等问题，都会造成无法正常统计。因此，这种方法对客流数量统计有较高的偏差，且对于大景区投入成本过高。

[任务实施]

通过表格的形式，总结一下各种客流监测方法的优缺点，强化同学们的理解。

[任务总结]

通过本任务的学习，学生了解客流监测的概念、目的和方法。

[任务实训]

1. 实训目的

掌握有哪些客流监测方法，以及这些方法各自的优缺点。

2. 实训要求

根据所学知识，结合网络信息检索，填写表4-1。

表4-1　客流监测方法总结

客流监测方法	优点	缺点

3. 自我评价

通过实训，进行自我评价，评价量表如表 4-2 所示。

表 4-2　客流监测方法评价

评价要素	评价标准		
	优秀	良好	合格
熟练掌握各种客流监测方法	准确地总结各种客流监测方法，并能提出新颖的想法	能准确地总结各种客流监测方法	基本能够总结各种客流监测方法，但需要进一步指导

任务 2　旅游客流趋势分析

[任务描述]

使用 SPSS 和 Excel 工具，根据近几年景点客流量，进行客流趋势分析，为景区管理、景区营销、服务与规划、决策等提供支持。

[任务目标]

- 了解客流趋势分析的基本概念。
- 知道客流趋势分析的内容。
- 理解客流趋势分析的方法。
- 掌握客流趋势分析的流程。
- 理解加快推进以数字化、网络化、智能化为特征的智慧旅游的必要性和重要性，同时培养终身学习的理念和一丝不苟的钻研精神。

[知识准备]

一、客流趋势分析概述

（一）客流趋势分析的基本概念

客流趋势分析，是根据旅游市场客流统计数据，通过具体方法，预测未来一段时期的客流量趋势。

（二）客流趋势分析的目的

通过科学方法对客流量进行预测，建立有效的游客量预测模型，不仅能为相关管理者提供管理决策的科学依据，减少隐患事故的发生，还可以通过客流量分布情况预估，为游客提供制定出行计划的依据，而且从数据中分析的消费规律，对于促进我国旅游产业的健康可持续发展，具有重要的发展意义。

（三）客流趋势分析的内容

客流趋势分析是根据某景点之前客流量数据，预测未来近期的客流量，为景区管理、景区营销、服务与规划、决策等提供支持。

二、客流趋势分析的方法

（一）时间序列分析

按照时间顺序把随机事件变化发展的过程记录下来就构成了一个时间序列。因为时间序列是某个指标数值长期变化的数值表现，所以时间序列数值变化背后必然蕴含着数值变换的规律性。这种规律主要包括以下4种：长期变动趋势、季节变动规律、周期变动规律和不规则变动规律。对时间序列进行观察、研究，找寻它变化发展的规律，预测它将来的走势就是时间序列分析。

时间序列分析方法有：AR（Auto Regressive）自回归模型、MA（Moveing Average）移动平均模型、ARMA（Auto Regressive And Moveing Average）自回归滑动平均模型、ARIMA（Auto Regressive Integrated Moveing Average）差分自回归滑动平均模型、ARCH（Autoregressive conditional heteroskedasticity model）自回归条件异方差模型、平滑法等。

（二）灰色预测模型

灰色预测模型是灰色系统理论领域最为活跃的分支之一，也是预测理论体系的一个新的研究方向，是研究"小样本""贫信息"不确定系统的常用方法。灰色预测不是把观测到的数据序列视为一个随机过程，而是看作随时间变化的灰色量或灰色过程，针对现实世界中存在大量的灰色不确定性预测问题，利用少量"已知数据"（最少4个数据），通过累加生成和累减生成逐步使灰色量白化，从而建立相应于微分方程解的模型，揭示系统未来的发展趋势，进而实现对其未来变化的定量预测。

（三）机器学习预测

机器学习中的神经网络是经典的监督机器学习算法，神经网络模型可以不用定义固定的模型，限制也很少，只需要历史数据输入构建的神经网络模型，即可得到预测值。

三、客流趋势分析的流程

根据客流数据有趋势性、季节性、周期性的特点，我们选择使用 SPSS 和 Excel 对时间序列进行分析，对客流趋势进行分析预测，如图 4-1、图 4-2 所示。

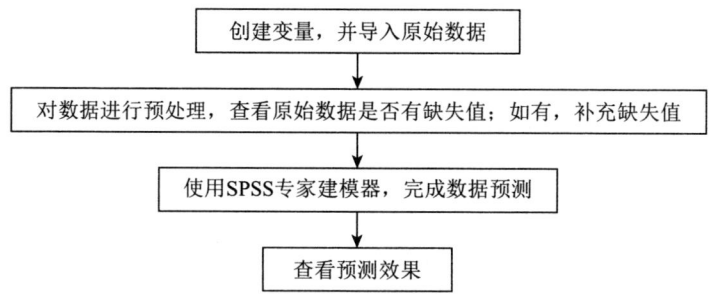

图 4-1　使用 SPSS 进行时间序列分析流程

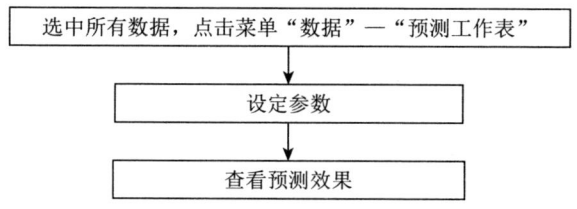

图 4-2　使用 Excel 进行时间序列分析流程

[任务实施]

一、使用 SPSS 27.0 实现时间序列分析

步骤一：创建变量，并导入原始数据

1. 创建变量

打开左下角"变量视图"选项卡，创建变量"客流量"。

2. 拷贝原始数据

左下角点击"数据视图"选项卡，切换回"数据视图"，并且从 Excel 拷

操作视频4-1：
使用SPSS27.0进行时间序列分析

贝原始数据到"客流量"列。

3.客流量为时间序列，因此需要定义日期。点击菜单"数据"下的"定义日期和时间"，设置数据起始年月为"2018年1月"，结果如图4-3所示。

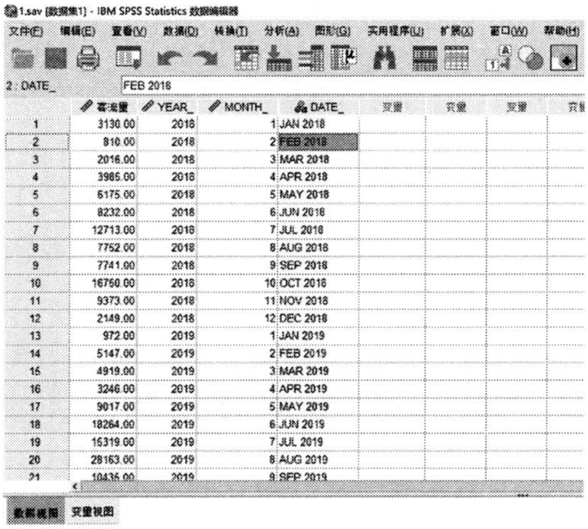

图4-3 定义日期时间结果

步骤二：对数据进行预处理

查看原始数据是否有缺失值，如有，补充缺失值。假设目前2018年8月缺少数据，操作步骤如下。

点击菜单"转换"下的"替换缺失值"，将"客流量"添加到右侧的新变量栏中，选择替换缺失值方法，如图4-4所示。当使用非默认方法替换缺失值时，选中右边的"变化量"按钮，再点击"确定"按钮。如需重新设置替换方法，也可以点"重置"按钮，再重新设定。

图4-4 替换缺失值

| 119

[知识拓展]

替换缺失值常用的方法有两种：序列平均值法和邻近点的平均值法。序列平均值法指使用所有序列值的平均值填补缺失值。邻近点的平均值法指使用有效相邻值的平均值填补缺失值。邻近点的跨度为缺失值上下用于计算平均值的有效值个数。如邻近点的跨度为2，会使用缺失值上下各2个值，共4个值的平均值进行填充。

使用"序列平均值"法，替换后的结果如图4-5所示，会多一列"客流量_1"，该列已进行了缺失值替换。把填充的替换值拷贝至原"客流量"列。

图 4-5 缺失值替换效果

步骤三：使用 SPSS 专家建模器，完成数据预测

1.选择菜单"分析"—"时间序列预测"—"创建传统模型"，打开时间序列建模器。

2.设定参数

(1)"变量"选项卡中设定因变量为"客流量"。"方法"选择"专家建模器",点击方法后面的"条件",在"时间序列建模器:专家建模器条件"中,选择所有模型,选择"专家建模器考虑季节性模型",如图4-6所示。

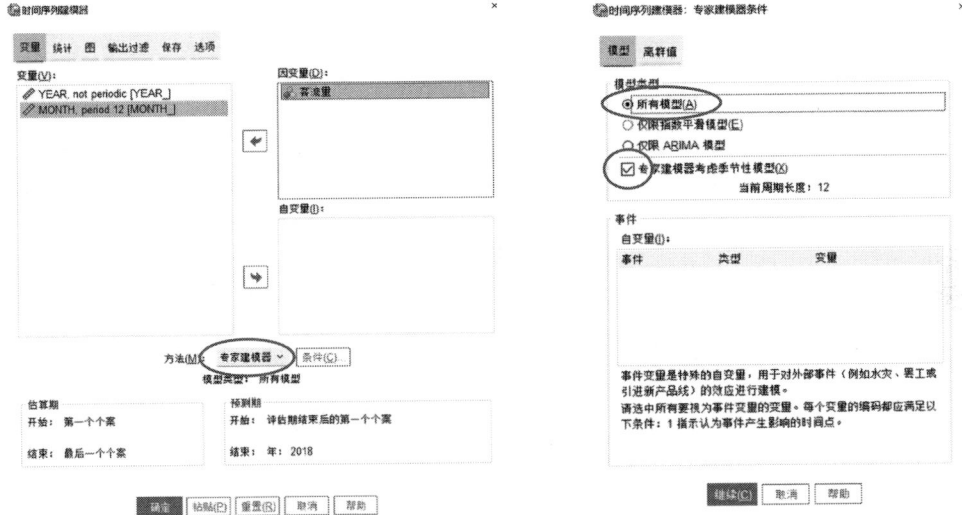

图4-6 时间序列建模器"变量"选项卡参数选择

(2)在"统计"选项卡中选择需要统计的参数。

(3)在"图"选项卡中选择"实测值""预测值""拟合值"。

(4)在"保存"选项卡中,设置保存预测值到数据编辑器。"预测值"后的"保存"打钩,并且"变量名前缀"不能用中文,这里设置为P。

(5)"选项"选项卡里,"预测期"设置要预测到的年月份,比如这里预测到2023年12月。

(6)参数设定完,点击"确定"。

步骤四:查看预测效果

(1)在统计查看器里,可以看到预测效果。这里看到图4-7中该预测使用了简单季节性模型,两个反映拟合效果的参数"R方"和"平稳R方"的值还不错(这两个值不超过1,越大越好),图4-8曲线拟合效果也不错。

➡ 时间序列建模器

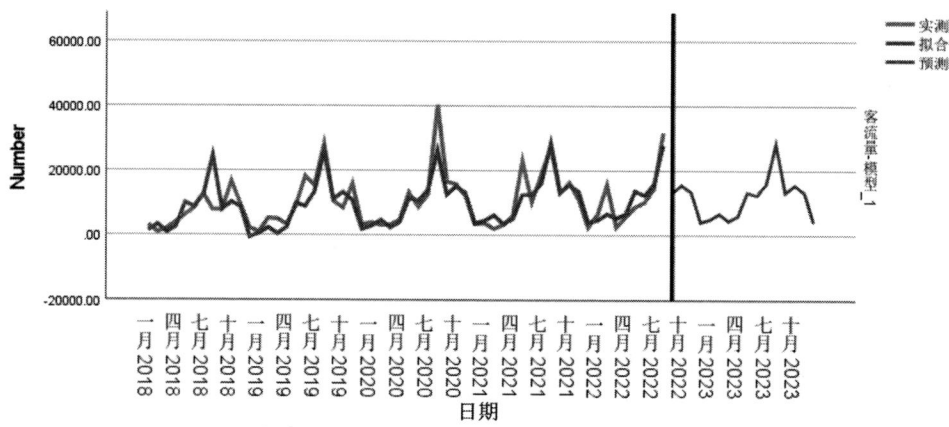

模型描述

			模型类型
模型 ID	客流量	模型_1	简单季节性

模型摘要

模型拟合度

拟合统计	平均值	标准误差	最小值	最大值	百分位数 5	10	25	50	75	90	95
平稳R方	.789	.	.789	.789	.789	.789	.789	.789	.789	.789	.789
R方	.710	.	.710	.710	.710	.710	.710	.710	.710	.710	.710
RMSE	4470.272	.	4470.272	4470.272	4470.272	4470.272	4470.272	4470.272	4470.272	4470.272	4470.272
MAPE	42.298	.	42.298	42.298	42.298	42.298	42.298	42.298	42.298	42.298	42.298
MaxAPE	298.750	.	298.750	298.750	298.750	298.750	298.750	298.750	298.750	298.750	298.750
MAE	2848.251	.	2848.251	2848.251	2848.251	2848.251	2848.251	2848.251	2848.251	2848.251	2848.251
MaxAE	16807.432	.	16807.432	16807.432	16807.432	16807.432	16807.432	16807.432	16807.432	16807.432	16807.432
正态化BIC	16.954	.	16.954	16.954	16.954	16.954	16.954	16.954	16.954	16.954	16.954

图 4–7 预测效果统计

模型统计

模型	预测变量数	模型拟合度统计 平稳R方	R方	杨-博克斯 Q(18) 统计	DF	显著性	离群值数
客流量-模型_1	0	.789	.710	26.979	16	.042	0

图 4–8 预测效果图

（2）查看数据编辑器窗口，如图 4–9 所示，多了一列“P_ 客流量 _ 模型 _1”，从该列可以看到具体的预测值。列名前缀 P 即为步骤三里设置的。

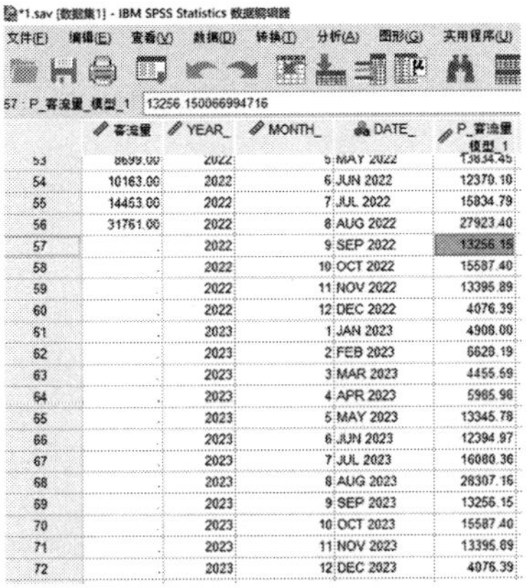

*1.sav [数据集1] - IBM SPSS Statistics 数据编辑器

文件(F) 编辑(E) 查看(V) 数据(D) 转换(T) 分析(A) 图形(G) 实用程序(U)

57 : P_客流量_模型_1 13256.150066994716

	客流量	YEAR_	MONTH_	DATE_	P_客流量_模型_1
53	8699.00	2022	5	MAY 2022	13834.45
54	10163.00	2022	6	JUN 2022	12370.10
55	14453.00	2022	7	JUL 2022	15834.79
56	31761.00	2022	8	AUG 2022	27923.40
57	.	2022	9	SEP 2022	13256.15
58	.	2022	10	OCT 2022	15587.40
59	.	2022	11	NOV 2022	13395.89
60	.	2022	12	DEC 2022	4076.39
61	.	2023	1	JAN 2023	4908.00
62	.	2023	2	FEB 2023	6628.19
63	.	2023	3	MAR 2023	4455.69
64	.	2023	4	APR 2023	5985.98
65	.	2023	5	MAY 2023	13345.78
66	.	2023	6	JUN 2023	12394.97
67	.	2023	7	JUL 2023	16080.36
68	.	2023	8	AUG 2023	28307.16
69	.	2023	9	SEP 2023	13256.15
70	.	2023	10	OCT 2023	15587.40
71	.	2023	11	NOV 2023	13395.89
72	.	2023	12	DEC 2023	4076.39

图 4-9 预测值

二、使用Excel 2016实现时间序列分析

操作视频4-2：
使用Excel2016进行时间序列分析

步骤一：置入数据

选中所有数据，点击菜单“数据”—“预测工作表”。

步骤二：设定参数

参数“预测结束”设置为2023/12/1，点击“选项”，参数“预测开始”设置为2022/8/1，选择自动检测，点击创建，如图4-10所示。

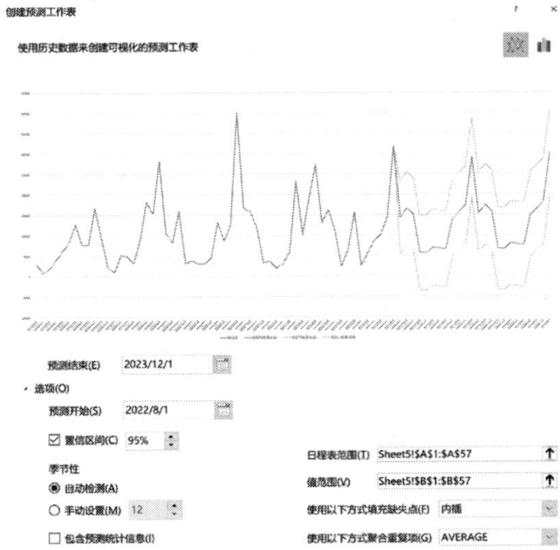

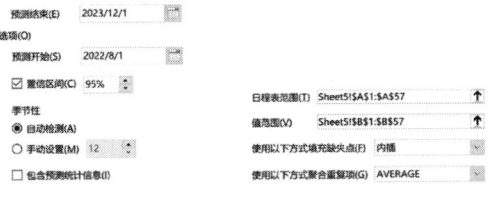

图 4-10 设定参数

步骤三：查看预测效果

可以看到，预测图像如图 4–11 所示。

图 4–11　预测效果

预测数据如图 4–12 所示。

	日期	客流量	趋势预测(客流量)	置信下限(客流量)	置信上限(客流量)
57	2022/8/1	31761	31761	31761.00	31761.00
58	2022/9/1		14381.15712	5505.71	23256.60
59	2022/10/1		16455.78322	7509.05	25402.52
60	2022/11/1		15118.91948	6100.34	24137.50
61	2022/12/1		5748.001667	-3342.96	14838.96
62	2023/1/1		5695.251667	-3468.64	14859.14
63	2023/2/1		7029.457669	-2207.89	16266.81
64	2023/3/1		6797.839155	-2513.51	16109.19
65	2023/4/1		6601.751204	-2784.12	15987.63
66	2023/5/1		13952.38358	4491.46	23413.31
67	2023/6/1		15476.11878	5939.62	25012.62
68	2023/7/1		17277.21453	7664.63	26889.80
69	2023/8/1		29061.03392	19371.85	38750.22
70	2023/9/1		15364.01932	5596.61	25131.43
71	2023/10/1		17438.64541	7593.64	27283.66
72	2023/11/1		16101.78168	6178.67	26024.90
73	2023/12/1		6730.863864	-3270.85	16732.58

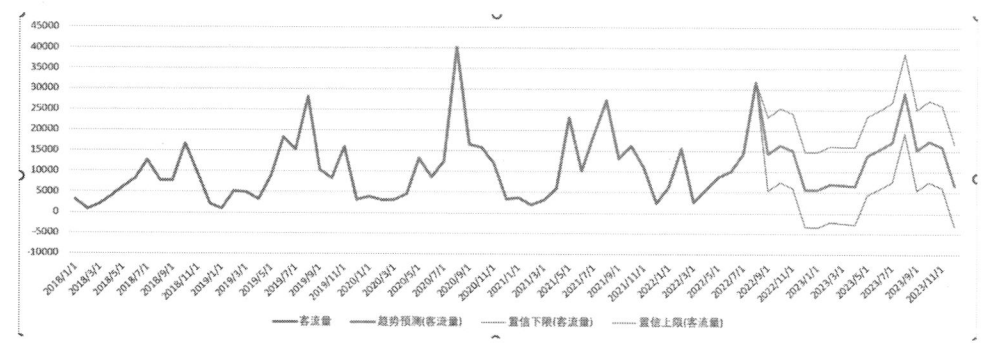

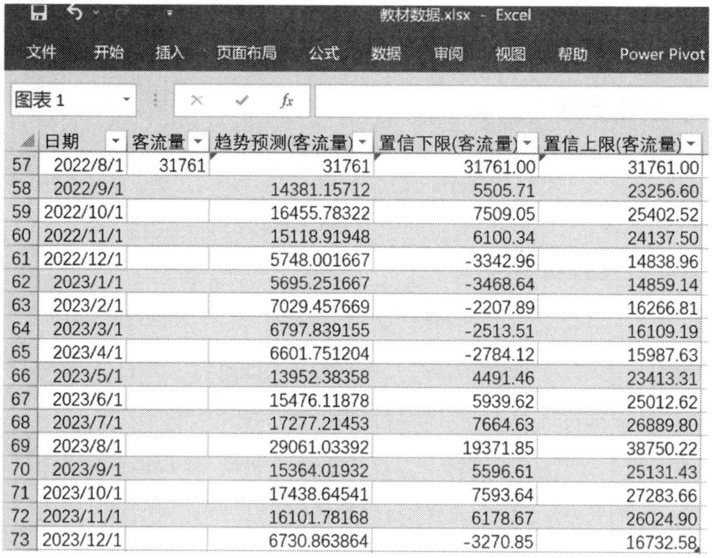

图 4–12　预测值

[任务总结]

本任务分布使用 SPSS 和 Excel 两种工具，针对九寨沟 2018 年 1 月 1 日到 2022 年 8 月 1 日（数据步长为 1 个月）的客流量数据，对 2022 年 9 月 1 日到

2023年12月1日（步长为1个月）的游客趋势进行预测，并结合真实数据进行了可视化展示。通过对比预测的2023年1月1日到2023年5月1日的数据与真实数据，发现SPSS预测效果优于Excel。通过本任务的学习，学生了解客流趋势分析的基本概念、分析内容、分析方法和分析流程。

[任务实训]

1. 实训目的

掌握客流趋势分析的方法、流程。

2. 实训要求

参照本任务案例，针对九寨沟景区的客流量进行趋势预测分析。

3. 操作步骤

根据[任务实施]步骤完成九寨沟景区客流量趋势预测，并将设置过程和预测结果截图提交。

4. 自我评价

通过实训，进行自我评价，评价量表如表4-3所示。

表4-3 数据预测评价

评价要素	评价标准		
	优秀	良好	合格
熟练掌握数据预测程度	能理解各参数含义，并且高质量与高效地完成数据预测，并能提出新颖的想法	能高质与高效地完成数据预测	基本能够完成数据预测，但需要进一步指导

 旅游大数据分析

任务 3　旅游客流分布分析

[任务描述]

使用 Excel 和 Tableau 工具，根据近几年景点客流量数据，进行客流时间和空间分布分析，为景区管理、景区营销、服务与规划、决策等提供支持。

[任务目标]

- 了解客流分布分析的基本概念。
- 知道客流分布分析的内容。
- 理解客流分布分析的方法。
- 掌握客流分布分析的流程。
- 深刻理解旅游行业和谐健康发展的重要性。思考如何做到文化生态保护与旅游发展和合共生、传统村落文化的保护传承与旅游活化和谐共存。

[知识准备]

一、客流分布分析概述

（一）客流分布分析的基本概念

客流分布分析是根据客流统计数据，分析景点客流分布的时空特征和变化规律。客流分布分析包括客流时间分布分析和客流空间分布分析。客流时间分布是在某一时间段的客流数量及变化规律。客流空间分布是指在一个大范围内的人群进入该范围内的其他分流支点的客流数量。

（二）客流分布分析的目的

通过客流分布分析，管理者可以了解客流在时间和空间上的分布情况，掌握管理决策的科学依据，提高管理效率，减少隐患事故的发生。从空间分布数

据，也可以了解游客分布状况，掌握景区营销管理的参考依据。

（三）客流分布分析的内容

客流分布分析包括客流时间分布分析和客流空间分布分析。客流时间分布分析是分析客流在某一时间段的客流数量变化情况。客流空间分布分析是分析客流在不同分流支点的流量分布情况。

二、客流分布分析的方法

（一）客流时间分布的方法

根据一段时间内客流量的统计数据，利用 Excel 绘制柱形图，反映这段时间内客流量的变化情况和规律。

（二）客流空间分布的方法

根据不同景点客流量的统计数据，利用 Tableau 绘制圆图、密度图，反映景区内不同景点客流量的流量情况。

三、客流分布分析的流程

（一）客流时间分布分析的流程

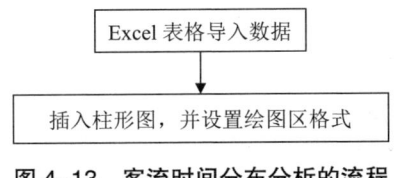

图 4-13 客流时间分布分析的流程

（二）客流空间分布分析的流程

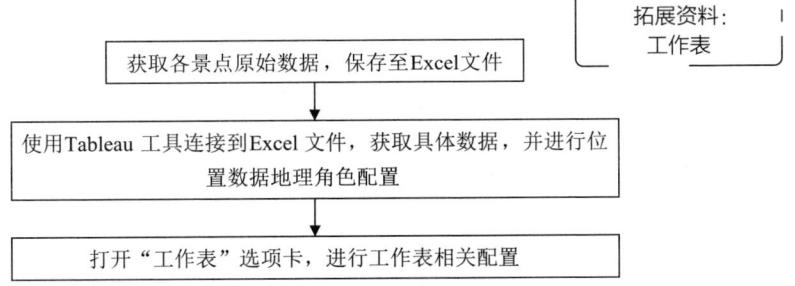

图 4-14 客流空间分布分析的流程

[任务实施]

一、客流时间分布

1. Excel 表格导入九寨沟景区从 2022 年 10 月 1 日到 2022 年 10 月 31 日全部客流数据。

2. 选中输入数据，插入柱形图，并设置绘图区格式，结果如图 4-15 所示。

操作视频 4-3：
使用 Excel 分析九寨沟一景区某时段客流时间分布

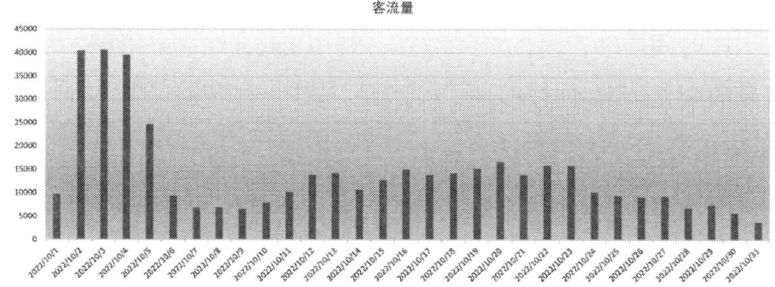

图 4-15 客流时间分布效果

从图 4-15 可以看到，国庆黄金周期间 10 月 2 日、3 日、4 日是客流量最多的三天，10 月 12 日到 23 日，又有一个客流小高峰。到 10 月底，客流量逐渐锐减，进入低潮期。

二、客流空间分析

1. 获取九寨沟某日主要景点客流量数据，并使用"国家地理信息公共服务平台"获取各景点经纬度。Excel 具体数据如图 4-16 所示。

省	区县	地名	经度	纬度	客流量
四川省	九寨沟县	五彩池	103.94	33.05	8079
四川省	九寨沟县	五花海	103.88	33.16	7509
四川省	九寨沟县	诺日朗瀑布	103.9	33.16	7150
四川省	九寨沟县	长海	103.93	33.04	7302
四川省	九寨沟县	芦苇海	103.91	33.22	7010
四川省	九寨沟县	珍珠滩瀑布	103.89	33.17	7306
四川省	九寨沟县	箭竹海	103.87	33.14	6920
四川省	九寨沟县	熊猫海	103.87	33.15	6300
四川省	九寨沟县	原始森林	103.87	33.07	5608
四川省	九寨沟县	镜海	103.9	33.16	5100
四川省	九寨沟县	犀牛海	103.89	33.19	4570
四川省	九寨沟县	扎如寺	103.87	33.25	3900
四川省	九寨沟县	火花海	103.9	33.2	3529
四川省	九寨沟县	树正瀑布	103.89	33.2	4500

图 4-16 客流空间分布原始数据

操作视频 4-4：
使用 Excel 分析九寨沟一景区某时段客流空间分布

2. 使用 Tableau 2023 工具连接到 Excel 文件，获取具体数据，并进行位置数据地理角色配置。

（1）点击 Tableau 工具左侧"连接""Microsoft Excel"。默认打开"数据源"选项卡，导入数据后如图 4-17 所示。

图 4-17　Tableau 导入数据后结果

（2）对"省""区县""经度""纬度"四个字段进行地理角色设置。"省"设置为"州/省/市/自治区"，"区县"设置为"郡县"，"经度"设置为"经度"，"纬度"设置为"纬度"。

3. 打开"工作表"选项卡，进行相关配置。

（1）点击菜单"地图"—"背景地图"—选择"室外"。

（2）将"经度""纬度"由度量数据拖到数据"维度"下。

（3）双击维度数据中的"纬度"和"经度"。

工作表效果如下，目前已有初步效果，如图 4-18 所示。

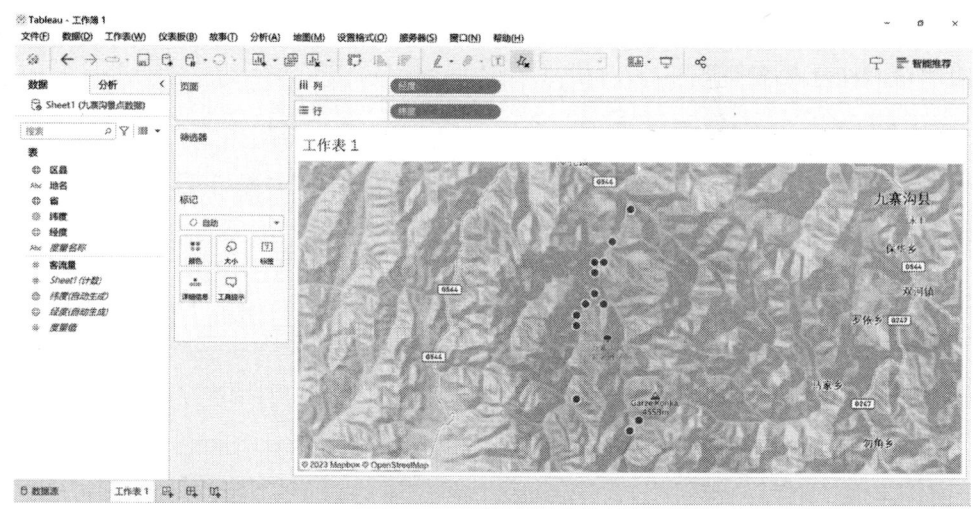

图 4-18 初始效果

（4）"标记"选用"圆"，设置根据客流量的大小调整圆的大小和颜色，并设置标签名称为地名，初步效果如图 4-19 所示。

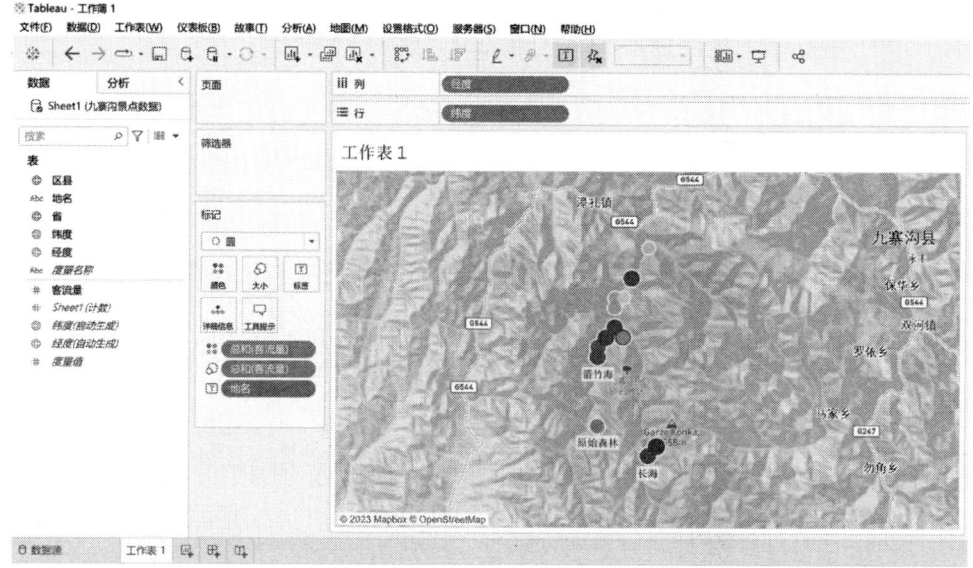

图 4-19 设置初步效果

（5）进一步修改"标记"下面的"颜色""大小""标签"属性。

（6）查看预测效果。效果见图4-20，随着各景点客流量的变化，各景点的圆标记的颜色和大小也发生了变化。

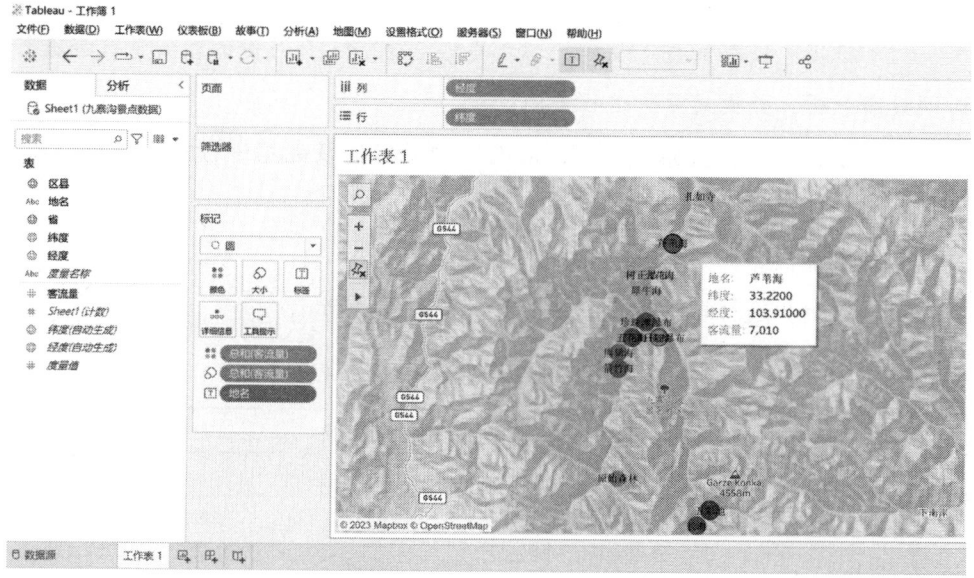

图4-20　客流空间分布效果

[任务总结]

本任务针对九寨沟2022年10月份的客流量数据，对客流进行时间分布分析，并使用柱形图进行了可视化展示。另外，针对九寨沟各景点客流量数据，对游客统计数据进行空间分布分析，并结合数据进行了圆标记图可视化展示。

通过本任务的学习，学生可了解客流时间和空间分布分析的分析方法和分析流程。

[任务实训]

1. 实训目的

掌握客流时间空间分布分析的方法、流程。

2. 实训要求

（1）参照本任务案例，针对统计数据，对客流时间分布进行分析。

（2）参照本任务案例，针对九寨沟各景点客流量数据，进行空间分布分析。

3. 操作步骤

（1）根据［任务实施］步骤，对九寨沟2022年10月份的客流量数据进行时间分布分析，并提交分析过程截图。

（2）根据［任务实施］步骤，对九寨沟的客流量数据进行空间分布分析，并提交分析过程截图。

4. 自我评价

通过实训，进行自我评价，评价量表如表4-4所示。

表4-4 客流数据时空分布分析评价

评价要素	评价标准		
	优秀	良好	合格
熟练掌握客流数据时空分布分析方法	能高质高效地完成数据时空分布分析，并提出新颖的想法	能高质高效地完成数据时空分布分析	基本能够完成数据分布分析部分，但需要进一步指导

项目五 大数据背景下的旅游营销

┃ 项目概述 ┃

大数据背景下的旅游营销是一种基于大数据技术的旅游营销策略。它利用大数据技术收集、分析客户特定数据,以便为客户提供更具体、更及时的旅游服务。通过大数据旅游营销,旅游企业可以获取客户的偏好和关注点信息,从而为其提供更加精准的旅游服务,以及更有效的推广和宣传活动,让客户得到更好的体验。我们也可以采用大数据旅游营销来分析国内的旅行客户的行为,进而根据客户的行为制定出更加个性化的推广策略,从而获得更好的营销效果。

旅游大数据分析

┃ 职业素养园地 ┃

　　大数据不仅是一场技术革命，一场经济变革，也是一场国家治理的变革。旅游行业从业人员要把握好大数据发展的重要机遇，充分认识旅游的社会属性和功能，通过探索新技术、新业态、新模式，共同探寻新的增长动能和发展路径。加快数字化精准营销及服务转型，提高旅游企业的市场灵敏度，将产品变为服务，服务变成体验，以大数据、数字化来驱动创新营销发展，着力推动旅游业高质量发展。

┃ 思维导图 ┃

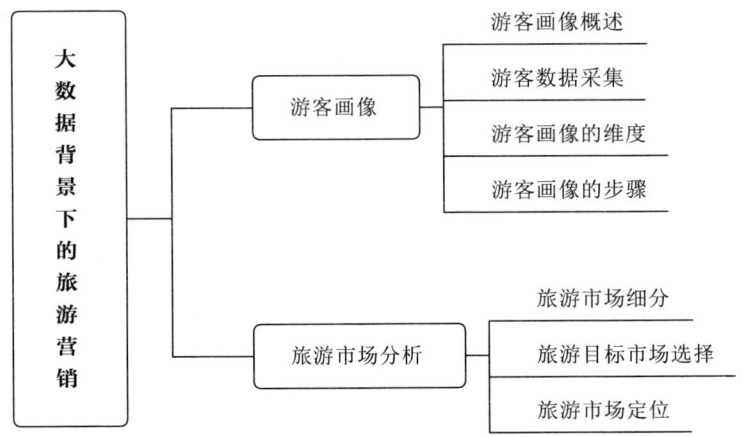

任务 1 游客画像

[任务描述]

以前期收集的游客数据为基础,统计分析游客的年龄、性别、职业、收入、交通方式、社交媒体使用情况等信息,系统科学地分析总结游客的旅游需求、喜好与游玩习惯等,为景区构建游客画像,帮助景区判断重点客源市场,助力景区运用数据进行科学的决策分析,从而提升游客游玩体验。

[任务目标]

- 理解游客画像的基本概念。
- 了解游客数据采集的主要工具和主要类型。
- 掌握游客画像的维度。
- 掌握游客画像的步骤。
- 通过游客画像,学生认识到数字化精准营销及服务转型的重要意义,推动大众旅游深入发展。

[知识准备]

一、游客画像概述

在当今大数据时代,社会信息化程度越来越高,无处不在的网络将人和各种电子设备连接在一起,用户的一切行为都是可追溯和分析的。随着大数据技术的深入应用,旅游企业也日益聚焦在如何利用大数据来为精细化运营和精准营销服务,而游客画像则是实现这些目标的前提和基础。

 旅游大数据分析

（一）游客画像的概念

游客画像就是以数据为核心，通过统计和分类等手段描述游客的属性和特征，探寻游客需求方向的一种方法。游客画像最基础的工作内容就是给不同的游客打标签，这些标签都是一些具有高度概括性的特征标识，如年龄、性别、职业、住址、爱好等。把这些标签互相融合归纳，可以分析某一群体的整体描述信息。通过大数据分析，用比较精准的标签分类来代表一类人，从而指导景区的规划发展方向，进行精准营销布局等。

（二）游客画像的意义

游客画像能够充分地掌握游客来源地、年龄、兴趣偏好、消费偏好、行为轨迹数据等信息，利用智能标签对游客进行区分，并准确找到游客兴趣点，深度分析出游客的喜好与购买习惯，从而更好地了解游客的特点和需求，帮助目的地挖掘潜客。旅游企业可以根据这些画像，制定更为精准的市场推广策略和旅游产品设计方案，提高产品和服务的满意度和竞争力，助力区域/景区打造营销闭环，实现推广资源效率和效果的最大化。

二、游客数据采集

游客数据来自大数据采集工具，采集的数据首先是姓名、年龄、性别、职业等，其次是和旅游相关因素的数据，如天气、节假日、季节、事件等信息，通过时/天/周/月客流粒度及时间维度对历史客流数据进行多维度的数据采集。

（一）数据采集的主要工具

我们可以采用一些成熟的工具采集数据，常用的有Apache Flume、Fluentd、Logstash、Chukwa、Splunk Forwarder、八爪鱼等。本任务采用八爪鱼采集数据。八爪鱼是一款全网通用的互联网数据采集器，它可以模拟人浏览网页的行为，通过简单的页面点选，生成自动化的采集流程，将网页中的非结构化数据转换成结构化数据，并以数据库或Excel等多种形式进行存储。八爪鱼可以通过云采集实现精准、高效及大规模的数据采集，从而降低获取信息的成本，提高效率。

（二）数据采集的主要类型

（1）通过景点的智能门禁采集客流量。

（2）通过景点的视频监控记录客流量。

（3）在旅游类官网的社交媒体和网站记录和采集客流量。

（4）采集第三方导航 App 产生的数据，采集高德、途牛等官网的数据。

（5）采集游客的购买力，购买物品的类型，购买的频率，购买的形式等数据。

（6）采集游客的基本信息，包括受教育程度、所在城市等数据。

采集的以上数据存储在数据库中，以供后续游客画像使用。

三、游客画像的维度

（一）游客基本特征

游客基本特征是指游客的一些基本信息，这些信息反映了游客的基本情况，且不会轻易发生改变。

年龄：根据游客的年龄段，可以对其消费习惯和兴趣爱好进行推测和分析。

性别：男女消费习惯、兴趣爱好等有一定的差异，因此根据性别维度进行分析可以帮助旅游企业明确游客的实际需求和消费倾向，精准定位游客市场。

地域：不同地区的文化、气候、地理环境等会对游客的消费习惯和需求产生影响，因此需要根据地域维度对游客进行分析。

职业：不同职业的游客消费能力、出游频率、兴趣爱好等都不同，因此可以根据职业维度对游客进行分析。

教育程度：教育程度可以反映出游客的文化素养和兴趣爱好等方面的特点，因此可以根据教育程度维度对游客进行分析。

消费能力：包括收入、家庭财务状况、信用卡消费状况等信息，可以帮助分析游客的消费能力和购买行为。

（二）旅游出行偏好

偏好类型：包括游玩方式、出游频次、出游目的、游玩时间、旅游伴侣等信息，这些信息可以帮助分析游客的旅游行为和旅游消费习惯。

旅游历史：包括过去的旅游行程、旅游花费、旅游时间等信息，这些信息可以帮助分析游客的旅游经历和旅游偏好。

兴趣爱好：包括文化艺术、户外运动、美食、购物等方面的兴趣爱好，这些信息可以帮助分析游客的消费偏好和购物行为。

（三）网络社交偏好

设备使用信息：分析游客使用的设备类型、设备系统、浏览器等信息，可以得出游客的消费习惯和行为路径。

社交网络信息：分析游客在社交网络上的活跃程度、粉丝数量、社交兴趣等信息，可以得知游客的社交行为及对社交媒体推广的响应程度。

四、游客画像的步骤

游客画像的核心工作就是给游客打"标签"，构建游客画像的第一步就是搞清楚需要构建什么样的标签，而构建什么样的标签是由业务需求和数据的实际情况决定的，下面介绍构建游客画像的步骤。

（一）目标分析

构建游客画像的目的不尽相同，有的是实现精准营销，增加旅游产品销量；有的是进行旅游产品改进，提升用户体验。明确游客画像的目标是构建游客画像的第一步，也是确定游客画像维度的基础。

（二）确定游客画像维度

明确目标后，就可以结合目标制定出所需要的游客画像维度。根据旅游产品类型的不同，游客画像的呈现维度有别。需要注意的是，并不是所有收集到的数据都是有用的，在分析数据之前必须根据旅游企业的目标确立几个主要维度，比如，想进行旅游产品推荐，就需要将影响游客选择旅游产品的因素作为画像维度。

（三）构建游客画像

当确认了游客画像维度的数据后，就可以运用大数据分析工具将收集的数据进行预处理。首先，去除缺失值、重复项、异常值等，并对数据进行标准化，使数据符合大数据分析的要求。其次，通过模型训练根据预处理后的数据，使用机器学习、深度学习等方法训练大数据模型，使模型能够正确识别不同人物的画像信息。再次，进一步验证模型，即使用数据对模型进行验证，确定模型能够准确识别不同人物的画像信息。最后，将训练好的模型部署到产品线上，以便数据分析使用。

[案例 5-1]

携程 FlightAI《2023 年探亲人群飞行报告》

作为交通出行的重要群体，返乡探亲人群有着相对显著的出行特征。2023年5月，携程旗下市场洞察平台 FlightAI 发布的《2023年探亲人群飞行报告》（以下简称《报告》）分析了探亲人群流转、人群画像、出行偏好等方面的具体特征。

1. 一线城市出发探亲人群占比近四成

《报告》显示，截至2023年5月26日，2023年暑期（7月和8月）探亲人群订单量比2022年同期增长5倍以上。对比2019年同期，除去1、2月份不同年份的春节影响，从2023年3月份开始探亲人群出行同比稳步上升，2023年的"五一"节假日，探亲人群同比2019年上升50%。

《报告》分析，城市越发达，探亲人群流出占比越高。出发城市占比最高的为一线城市（39%），到达城市占比最高的为新一线及二线城市（占比均在30%以上）。成都、重庆、郑州、沈阳、西安、哈尔滨、长春、北京、长沙、武汉、兰州、太原、大连、贵阳、温州、上海、青岛、石家庄、昆明、福州成为探亲人群前20目的地城市（图5-1）。

2. 机票均价最低，对价格更敏感

《报告》同时显示，2023年以来，探亲人群飞行单程平均票价为842元，为各类人群中最低；但对比2019年同期，探亲人群飞行单程票价增长17%，增幅明显高于其他人群（12%）。探亲出行已成为用户们的刚需行为。

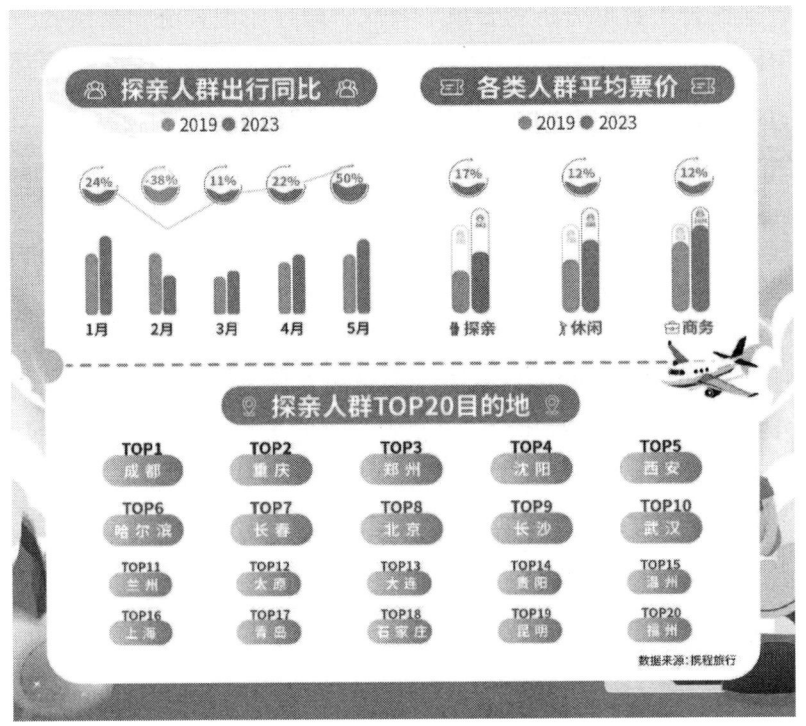

图 5-1 探亲人群画像（1）

3. 探亲人群 25~34 岁青年占比最高

根据《报告》数据，探亲人群年龄集中在 25~44 岁的青中年人群（占比超过 50%），其中 25~34 岁的青年群体占比最高（31%）；相较于休闲人群，探亲人群中占比更高的有 25~34 岁的青年人群（31% vs 28%）以及 55 岁以上的银发族（16% vs 14%），而未成年人占比更低（6% vs 9%）。推测主因是，25~34 岁的青年人群正值参加工作前期，工作生活尚未稳定，常居在工作地而家人多在家乡，因此回乡探亲需求更高。银发族多为年轻时在外定居，与家乡的亲戚朋友分隔两地，退休后又有较多闲暇时间，因此回乡探亲也更多。而未成年人更多跟随家长在常居地落户，年长的长辈也多居于此，因此回乡探亲占比更小。

从同行人数来看，探亲人群出行方式多为一人行（占比 50% 以上，高于休闲人群）；相比于休闲人群，占比更高的还有银发族（10% vs 8%）（图 5-2）。

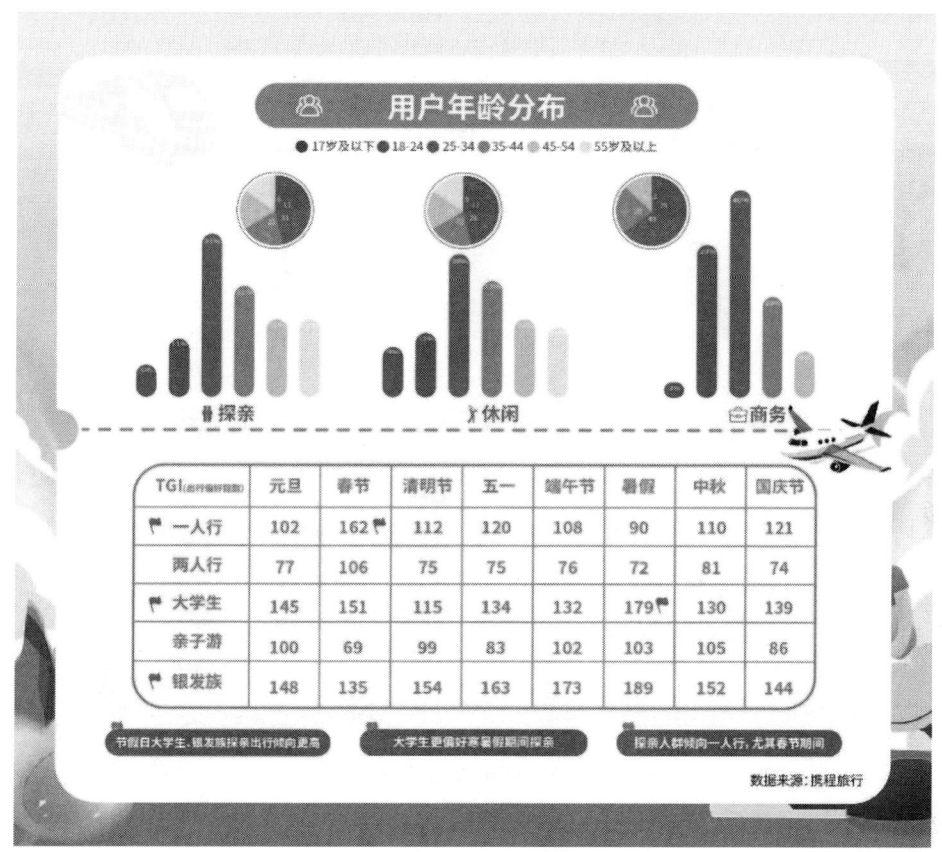

图 5-2 探亲人群画像（2）

4. 探亲人群停留时长最高

根据《报告》数据，探亲人群对价格更为敏感，探亲人群中两舱占比约3%，低于其他人群。同时，探亲人群对于交通服务便利性要求也更高，其购买机场服务（接送机/休息室/快速安检）占比约5.4%，为各类人群中最高，购买辅营产品的用户中，探亲人群购买最多的为送机服务，占比41%，远高于其他人群。

从时长上来看，探亲人群停留天数远高于其他人群，停留4天及以上的占比66%（休闲人群该项占比46%）。从节假日来看，越是长假，探亲人群越是倾向于停留更长的时间，如暑假、春节、国庆节期间（图5-3）。

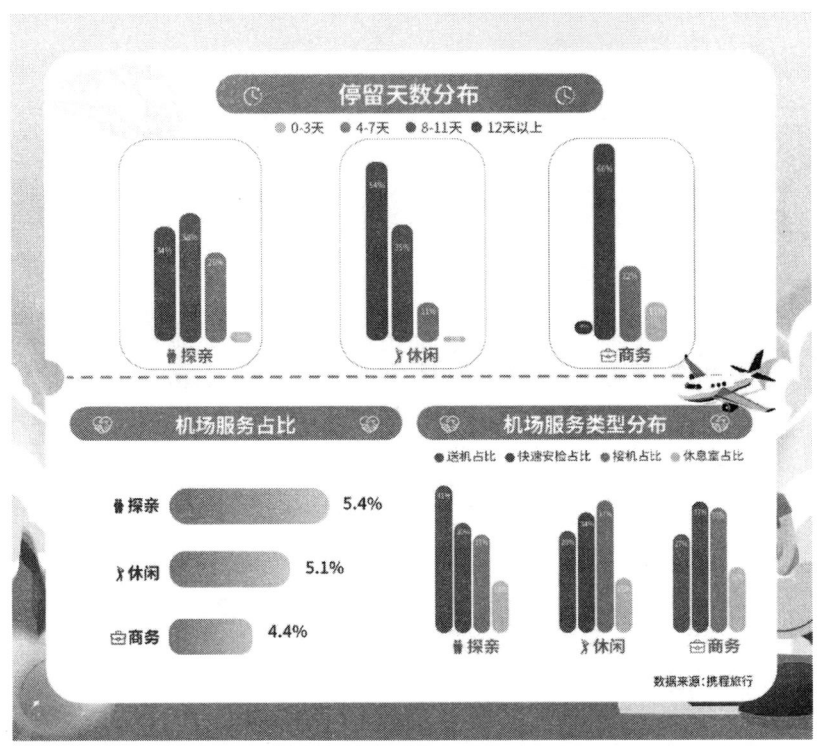

图 5-3 探亲人群画像（3）

[任务实施]

步骤一：目标分析

本任务的目标是通过游客画像对某景区的游客属性、游客行为等进行分析，挖掘游客个性化需求，辅助景区筛选核心用户，实现精准营销。

步骤二：确定游客画像维度

根据任务目标，确定游客画像的维度有性别、年龄、职业、出游方式、交通工具、使用的社交媒体等。

步骤三：构建游客画像

1. 采集数据

根据步骤二确定的游客画像维度，使用"八爪鱼"工具采集相关游客数据，并保存为 excel 格式。

操作视频5-1：
用"八爪鱼"工具
采集相关游客数据

2. 数据预处理

对采集到的原始数据进行清洗、去重、标准化、缺失值填充等操作，以保证数据的规范和完整性。

3. 数据挖掘

使用永洪数据分析工具对预处理过后的数据进行挖掘和分析，采用聚类算法、关联规则挖掘、决策树等方法，以构建模型和对游客进行分类，完成游客画像的构建，如图5-4、5-5、5-6所示。

# 序号	Abc 用户名	# 年龄	Abc 性别	Abc 职业
1	椰风海韵紫薇	23	男	建筑师
2	R	30	男	工程师
3	老鹰在飞翔	24	女	服务员
4	麓Mr	27	男	工程师
5	M22****3879	27	男	教练
6	钓鲸客44	18	男	学生
7	M24****536	24	男	护士
8	在奔跑中	27	男	工程师
9	暗香yf	23	女	工程师
10	Menschen001	26	女	理发师
11	laozhuang老庄	25	女	理发师
12	186****8765	18	女	施工员
13	吃货战象	29	女	理发师
14	118****366	19	男	经纪人
15	Mavis0905	24	女	警察
16	小欣	27	女	工人
17	奔跑的猫2187948	26	男	学生
18	李女士9	18	女	学生
19	女王万万岁	20	男	医生

图5-4 创建数据集

旅游大数据分析

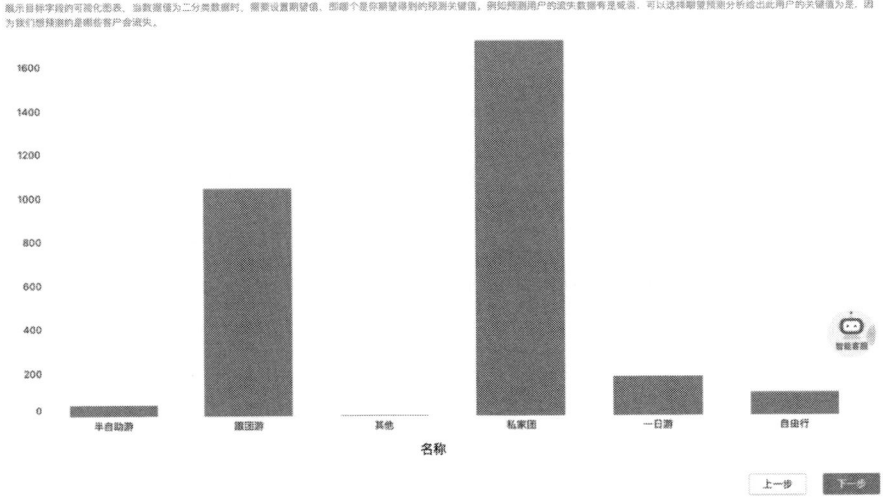

图 5-5 深度分析数据

游客画像分析结果

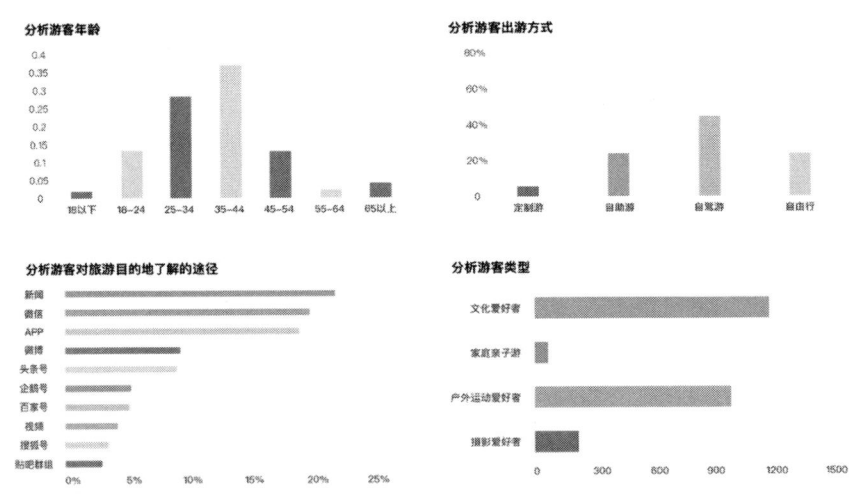

图 5-6 游客画像分析结果

根据数据挖掘及深度分析后的结果，得出该景区游客群体年龄以 35-44 岁为主，游客出行方式以自驾游为主，游客类型以文化爱好者和户外运动爱好者为主，游客了解旅游目的地的途径主要有新闻、微信、App 和微博。

项目五 大数据背景下的旅游营销

[任务总结]

本任务首先介绍了游客画像的基本概念和意义,通过分析要达到的营销目标来确定游客画像的维度,包括游客的出行偏好、姓名、年龄、出游方式、入住情况、餐饮情况、短长途、旅游偏好等,使用永洪数据分析工具对这些数据进行分析,并通过可视化的方式直观地把分析结果展示出来。通过本任务的学习,学生理解了什么是游客画像,用什么工具采集游客画像所需的数据及采集哪些维度的数据,掌握了构建游客画像的步骤。

[任务实训]

1. 实训目的

掌握游客画像的整体流程。

2. 实训要求

参照本任务,采集国内某景点游客数据,进行游客画像,并根据结果提出相应的营销建议。

3. 操作步骤

根据[任务实施]步骤完成对国内某景点抽样数据的采集,并对游客进行画像,提交数据采集、数据处理、数据分析等过程的截图。

4. 自我评价

通过实训,进行自我评价,评价量表如表5-1所示。

表5-1 游客画像评价

评价要素	评价标准		
	优秀	良好	合格
合理选择游客画像的维度、数据可视化展示、提出营销建议	能够根据营销目标合理选择游客画像的维度并进行数据的可视化展示,整体效果美观,并能根据游客画像提出下一步的营销建议	游客画像的维度选择较合理,数据可视化展示效果较好	游客画像的维度选择基本能够满足需要,能够进行数据可视化展示,整体效果一般,需要进一步指导

 旅游大数据分析

任务 2 旅游市场分析

[任务描述]

以采集到的游客数据为基础,对景区的客源市场进行细分,挖掘潜在的客源市场,并制定相应的旅游市场营销策略,提升景区的竞争力。

[任务目标]

- 了解旅游市场细分的基本概念、作用、原则和标准。
- 掌握旅游市场细分的方法和步骤。
- 理解旅游目标市场选择的概念、原则和策略。
- 了解旅游市场定位的概念、作用和意义。
- 掌握旅游市场定位的步骤。
- 加深学生对大数据、数字化驱动创新营销发展的认识,着力推动旅游业高质量发展。

[知识准备]

一、旅游市场细分

(一)旅游市场细分的概念

旅游市场细分就是旅游企业根据消费者需求和特征把整个旅游市场细分为若干个需求不同的、可识别的较小消费群体的过程。进行旅游市场细分能让旅游企业更准确地掌握不同目标顾客群的个性化需求,从而更有效地整合和利用旅游企业的资源和能力,突出旅游企业竞争优势,甄选具有竞争力的旅游目标

市场，最终制定出更具针对性的营销策略。

（二）旅游市场细分的作用

1. 有利于识别和发掘旅游市场机会

通过旅游市场细分，旅游企业可以对每个细分旅游市场的消费能力、满足程度、竞争情况等进行分析对比，探索出适合本企业的新的市场机会，及时做出营销策略的调整，进行必要的产品、服务创新，开拓新市场，如"乡村游""亲子游""研学游"等，以更好地适应旅游市场的需要。

2. 有利于提高旅游企业竞争力

旅游企业经营的成功关键，是充分发挥优势，有效避开劣势。旅游市场细分使得旅游企业可根据自己供给条件的优势，优化资源配置，集中人力、财力、物力、技术和信息，选择最适合自己的目标市场，制定有效的经营策略，做到扬长避短，在竞争中赢得优势。

3. 有利于选择目标市场，制定针对性营销策略

在不同类型的细分市场中，旅游资源特点不同，旅游者需要的设施、服务也不尽相同。旅游市场细分比较容易反映旅游者的需求特点，旅游企业可以根据自己的特色及服务能力，确定自己的目标市场，制定特殊的宣传策略，以适应旅游者需求的变化，提高应变能力和竞争力。

（三）旅游市场细分的原则

1. 可衡量性

旅游企业在进行旅游市场细分时所选择的细分标准必须是可以识别和度量的，亦即细分出来的旅游市场不仅范围明确，而且对其容量大小也能大致做出判断。细分标准要具有客观性，如按年龄、性别、收入、受教育程度、地理位置、民族等标准，这样就易于确定旅游企业的目标市场。

2. 可进入性

指细分出来的旅游市场应是旅游企业营销活动能够抵达的，亦即通过努力能够使旅游产品进入并对旅游者施加影响的市场。一方面，有关旅游产品的信息能够通过一定媒体顺利传递给该市场的大多数旅游者；另一方面，该企业在一定时期内有可能将产品通过一定的分销渠道运送到该市场。否则，该细分市场的价值就不大。

3. 可赢利性

细分出的旅游市场在旅游者人数和购买力上应能够保证旅游企业取得良好的经济效益。即必须保证细分市场的相对稳定性，以便旅游企业制定较长久的经营策略。不仅要保证旅游企业的短期利润，还必须有一定的发展潜力，保持较长时期的经济效益，从而不断提高企业的竞争能力。

4. 规模性

即细分出来的旅游市场，其容量或规模要大到足以使旅游企业获利。进行旅游市场细分时，旅游企业必须考虑细分市场上旅游者的数量，以及他们的购买能力和购买旅游产品的频率。如果细分市场的规模过小，市场容量太小，细分工作烦琐，成本耗费大，获利小，就不值得去细分。

5. 差异性

指各细分市场的旅游者对同一市场营销组合方案会有差异性反应，或者说对营销组合方案的变动，不同细分市场会有不同的反应。如果不同细分市场旅游者对产品需求差异不大，行为上的同质性远大于其异质性，此时，旅游企业就不必费力对旅游市场进行细分。另一方面，对于细分出来的旅游市场，旅游企业应当分别制定出独立的营销方案。如果无法制定出这样的方案，或其中某几个细分市场对是否采用不同的营销方案不会有大的差异性反应，便不必进行市场细分。

（四）旅游市场细分的标准

1. 按地域细分

按旅游地点的地理位置或行政区划，将旅游市场划分为国内旅游市场、国际旅游市场等。

2. 按游客类型细分

按游客的特点，将旅游市场划分为旅游市场、商务旅游市场、休闲旅游市场、探险旅游市场、经济旅游市场、自驾旅游市场等。

3. 按旅游形式细分

按旅游形式的不同，将旅游市场划分为跟团旅游市场、自由行旅游市场、自驾游旅游市场、定制旅游市场等。

4. 按旅游目的细分

按旅游目的的不同，将旅游市场划分为文化旅游市场、美食旅游市场、购物旅游市场、休闲度假旅游市场、宗教旅游市场等。

5. 按旅游预算细分

按游客的预算不同，将旅游市场划分为豪华旅游市场、中档旅游市场、经济旅游市场等。

（五）旅游市场细分的方法

旅游市场细分的变量因素具有多样性，应根据具体旅游者的需求特征和企业要达到的经营目标加以选择和运用。旅游市场的细分方法即如何选择或组合运用有关变量进行市场细分，具体方法包括如下三种。

1. 单一变量细分法

单一变量细分法也称一元细分法，即根据影响旅游者需求的某一种因素进行旅游市场细分，这一变量一般是与旅游者需求差异相关的某一个最重要的变量因素。

2. 综合变量细分法

综合变量细分法又称交叉细分法或多元细分法，即根据影响旅游者需求差异紧密相关的两种及两种以上的并列变量对旅游市场进行细分的方法。

3. 系列变量细分法

系列变量细分法即考虑与旅游需求差异相关的各种因素，将其按照一定的顺序对旅游产品市场依次进行系列细分的方法。此方法对旅游者需求差异较大而市场竞争又较激烈的旅游产品市场细分比较适合。

（六）旅游市场细分的步骤

1. 选定市场范围，确定经营方向

旅游企业在确定了总体经营方向和经营目标之后，就必须确定其经营的市场范围，这是旅游企业进行市场细分的基础。旅游企业应在深入调查研究市场的基础上分析市场的需求状况并做出相应的决策。同时，旅游企业应充分结合自己的经营目标和资源条件，从广泛的市场需求中选择自己有能力服务的市场

范围，不宜过大或过小。

2. 了解客源市场，确定潜在市场需求

在确定好适当的市场范围后，根据旅游市场细分的标准和方法，了解市场范围内所有现实和潜在顾客的需求，并尽可能详细归类，以便针对旅游者需求的差异性，决定采用何种市场细分变量，为市场细分提供依据。

3. 分析可能存在的细分市场

通过分析不同旅游者的需求，得出旅游者需求类型的地区分布、人口特征、购买行为等方面的情况，同时根据旅游企业多年的经营经验做出分析和判断，找出可能存在的细分市场。

4. 确定细分市场标准

旅游企业应分析哪些需求因素是重要的，通过与企业实际情况和各细分市场的特征进行比较，寻找主要的细分因素，筛选出最能发挥自身优势和特点的细分市场。

5. 为可能存在的细分市场命名

旅游企业可以根据各细分市场的主要特征，用形象化的语言或其他方式，为各个可能存在的细分市场确定名称。

6. 评价初步细分结果

旅游企业应深入分析各细分市场的消费需求，了解这些市场旅游者的购买心理和行为特征，以便对各细分市场进行必要的分解或合并，使之形成有效的目标市场，制定有效的企业经营策略。

7. 分析各细分市场的规模和潜力

前面 6 个步骤完成后，各细分市场的类型已基本确定，此时旅游企业应估算各细分市场的潜在销售量、竞争状况、盈利能力、发展趋势等，并找出市场的主攻方向，进而确定目标市场。

二、旅游目标市场选择

（一）旅游目标市场选择的概念

旅游市场细分是旅游企业选择目标市场的依据，选择目标市场是市场细分工作的延伸。旅游经营者需要根据企业自身的条件，从细分的市场中选择出一个或几个子市场作为自己从事市场营销活动的对象，这一过程被称为目标市场的选择。

（二）旅游目标市场选择的原则

1. 旅游目标市场必须与旅游企业所拥有的资源相匹配

旅游企业自身的条件是选择旅游目标市场的重要依据。旅游目标市场的选择应该能使旅游企业充分地利用自身资源，发挥自身优势，扬长避短，突出自己的特色。

2. 旅游目标市场必须与旅游企业的经营目标和企业形象相符合

旅游企业在选择旅游目标市场时应考虑到企业自身的形象和经营目标，中、低档的旅游企业对经济收入和社会地位较高的消费者一般不构成吸引力，同时，高档次、集团化的旅游企业也不适宜打入中低档、大众化的客源市场。

3. 旅游目标市场必须具备结构性吸引力

旅游市场已经进入几乎没有壁垒的时代，资本和劳动力能够自由流动，同时各种替代品也在限制旅游市场的潜在收益。因此旅游企业选择目标市场必须注重潜在效益，选择能够盈利的细分市场。

（三）旅游目标市场选择的策略

旅游目标市场的选择策略主要有无差异性目标市场策略、差异性目标市场策略和密集性目标市场策略三大类。

1. 无差异性目标市场策略

无差异性目标市场策略是指旅游企业把整体旅游市场看作一个大的目标市场，不进行市场细分，企业只推出一种旅游产品，制定一种价格，运用一种市场营销组合，试图吸引尽可能多的旅游者。这种策略的特点是强调旅游者需求的共性，无视市场内部旅游者需求的差异性。这种策略突出的优点在于，旅游企业可以大规模销售，简化分销渠道，节省市场调研和广告宣传的经费开支，降低平均成本，缺点是不能完全满足旅游者多样化的需求。

2. 差异性目标市场策略

差异性目标市场策略是指旅游企业根据旅游者的不同需求特点，对旅游市场进行细分。旅游企业在此基础上选择两个或两个以上的细分市场作为自己的目标市场，针对不同细分市场的需求特点，提供不同的旅游产品及制定不同的营销策略。这种策略的优点是能更好地满足各类旅游者的不同需求，有利于提高旅游产品的竞争力和扩大旅游企业的销售量。

3. 密集性目标市场策略

密集性目标市场策略是指旅游企业在市场细分的基础上，选择一个或少数几个细分市场作为自己的目标市场，集中企业的全部精力，以某几种营销组合手段服务于该市场，实行高度的专业化经营。比如，有的旅行社专门为研学旅游、乡村旅游等特色旅游服务。这种策略往往适合资源能力有限的中小型旅游企业及旅游资源独特的旅游目的地。

三、旅游市场定位

旅游企业在选定旅游目标市场之后还应确定本企业旅游产品在目标市场上的竞争地位即进行市场定位，才有可能制定出针对性很强的旅游市场营销策略。旅游市场细分和旅游目标市场的选择是让旅游企业找准顾客，而旅游市场定位则是让旅游企业赢得顾客的认可。

（一）旅游市场定位的相关概念

旅游市场定位是指旅游企业根据旅游目标市场上同类旅游产品的竞争状况和旅游者对该旅游产品某些特征或属性的重视程度，为本企业旅游产品塑造强有力的、与众不同的鲜明特征，并将其生动形象地传递给旅游者，以赢得旅游者的认同。

（二）旅游市场定位的作用与意义

1. 有利于旅游企业发掘目标市场潜力

通过旅游市场定位，旅游市场的范围更加清楚与明确，旅游企业可以依据迅速而敏捷的反馈来开展集中有效的营销活动并且可以充分发掘市场潜力。

2. 有利于旅游企业建立竞争优势

所谓竞争优势，是产生能为顾客创造的价值，而这个价值量大于企业本身创造这个价值时所花费的成本。旅游市场定位能够帮助旅游企业明确自身在哪些方面与竞争对手不一样，在顾客心中处于什么位置，从而最大限度地让顾客满意，也有利于旅游企业建立竞争优势。

3. 有利于旅游企业营销策略的精确执行

旅游企业准确进行市场定位才能够制定有效的营销策略，并保证营销策略的精确执行。确定旅游目标市场是让营销人员知道为什么要制定相应的营销策略，而准确的定位战略则是告诉营销人员该如何设计营销策略。

4. 避免旅游企业间的恶性竞争

由于客源的有限性，在争夺同样的目标旅游者时，旅游企业如果不能突出自身优势并进行有效的市场定位，就会造成企业产品雷同，在旅游产品品种、服务、人员、形象等方面与竞争对手没有明显的差异，企业间的竞争就会更多地反映在价格上。价格竞争又会进一步降低旅游企业的利润，使旅游企业缺乏技术改造和提高服务质量的资金，这必然会进一步加剧市场竞争，甚至造成恶性竞争的局面，最终影响旅游企业和整个旅游行业的发展。

（三）旅游市场定位的具体步骤

1. 确定旅游市场定位的层次

对于旅游企业而言，一般应考虑三个层次的定位：组织定位、产品线定位及单一产品定位。组织定位是指一个旅游企业整体的市场定位；产品线定位指对一组或一系列旅游产品和服务的定位；单一产品定位则指对某一项旅游产品或服务的市场定位。

2. 确定旅游产品和服务的特征

当旅游市场定位的层次确定之后，旅游企业就应根据旅游目标市场的需要选定能够使本企业旅游产品和服务区别于竞争对手的产品特征。由于消费者是在不同竞争旅游产品和服务的差异性评估的基础上进行购买决策的，所以这些特征既是旅游产品必须具备的，也是目标旅游者最看重的核心"利益点"。

3. 绘制旅游市场定位图，确定定位位置

当选定了作为旅游产品和服务差异化的产品特征后，旅游企业就要为这些特性寻找最佳的市场位置。一个简单有效的办法就是把旅游企业的关键属性与竞争对手的属性标注在同一张图上形成专门的"旅游市场定位图"（图5-7）。

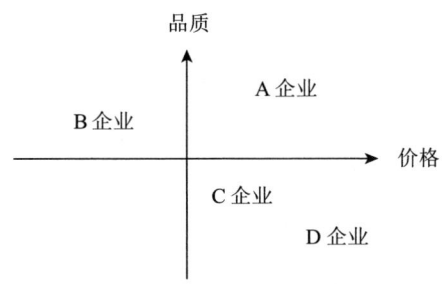

图 5-7 旅游市场定位

4. 实施定位

实施定位是指将旅游市场定位策略付诸实施，对旅游市场进行投入和推广。旅游市场定位最终是通过旅游企业与旅游目标市场的互动过程实现的。这些互动过程包括旅游企业各个部门、员工及市场营销活动对旅游目标市场的各种接触和作用。

旅游市场定位不是一蹴而就的过程，需要不断地优化和调整。旅游企业需要根据旅游市场的变化和趋势，不断完善旅游市场定位策略，精准地把握旅游市场的方向和变化，为旅游企业的营销活动提供有效的支撑。

[任务实施]

下面，我们使用前面项目采集到的"千岛湖评价"数据文件来完成景区的旅游市场分析任务。

步骤一：分析景区客源地分布

打开"千岛湖评价.xlsx"文件，通过分析用户的 IP 属地来判断景区的客源地分布情况。根据该文件创建数据透视表，将"IP 属地"字段拖到"行标签"，将"用户名"字段拖到"值"区域，得到该景区的客源地分布情况数据透视表。将该数据透视表按第二列"计数项：用户名"降序排序，得到该景区客源分布的降序排列情况，根据排序后结果的前 5 项创建景区核心客源地分布情况饼图，如图 5-8 所示。

操作视频5-2：
千岛湖景区客源地
分布分析

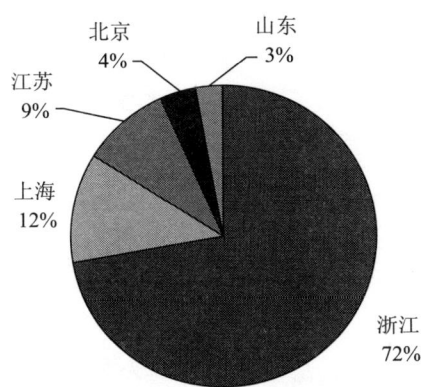

图 5-8 景区核心客源地分布

旅游客源市场与空间距离、经济水平、交通便捷程度密切相关。一般而言，某个地区距离景区的空间距离越近、交通越便捷、经济发展水平越高，则景区在该地的客源市场份额就会越高。从图 5-8 中可以看出，千岛湖客源市场以浙江省本地居民居多，其次是地理位置较近的上海、江苏等地，这些地区距离千岛湖较近，形成了千岛湖重要的客源市场。同时，北京、山东等地，由于经济发展水平较高，交通便捷程度较高，因此前往千岛湖旅游的客流量也较高。所以，围绕千岛湖核心客源市场，千岛湖景区的营销策划应以这些地区为重点。

步骤二：分析景区潜在客源市场

要挖掘景区潜在的客源市场，就需要基于用户属性数据、行为数据，通过用户痕迹复原分析法，对旅游消费市场比较成熟的客源地进行游客行为分析。同时要将景区与其他社会经济状况、人均消费能力、交通便利性等因素相似的景区进行数据比较，从而分析景区作为旅游目的地需要突破的核心问题，探索景区吸引潜在客源市场的有效路径。

视频 5-3：利用百度指数分析千岛湖景区旅游搜索量

1. 千岛湖景区旅游搜索量分析

利用百度指数综合分析千岛湖景区的搜索情况，如图 5-9、5-10、5-11 所示。

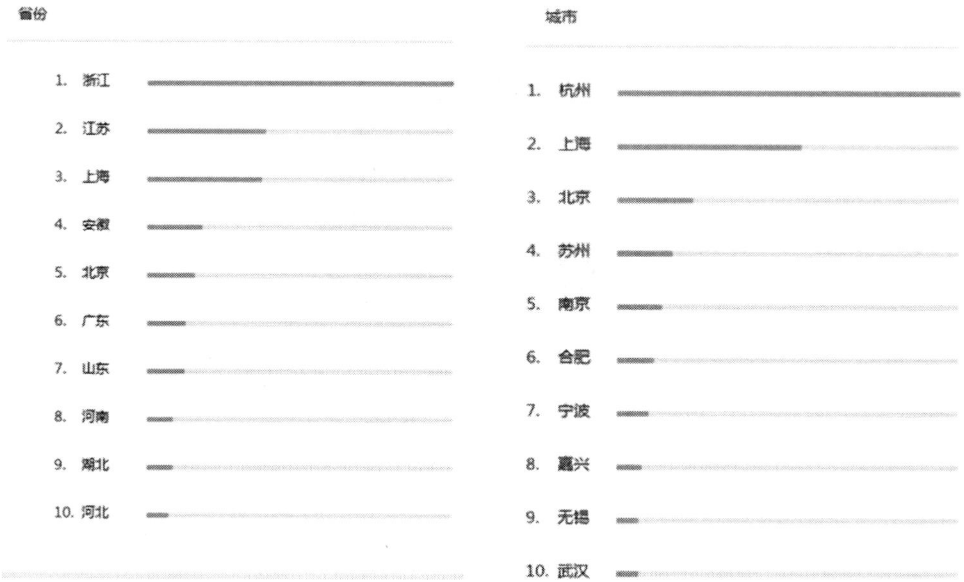

省份
1. 浙江
2. 江苏
3. 上海
4. 安徽
5. 北京
6. 广东
7. 山东
8. 河南
9. 湖北
10. 河北
城市
1. 杭州
2. 上海
3. 北京
4. 苏州
5. 南京
6. 合肥
7. 宁波
8. 嘉兴
9. 无锡
10. 武汉

图 5–9　景区搜索量分布

从图 5–9 中可以看出，搜索千岛湖的旅游潜在游客主要分布在华东地区，包括浙江、江苏、上海、安徽、北京、广东、山东等省份和直辖市，杭州、上海、北京、苏州、南京等大城市的游客对千岛湖旅游的搜索量有较高的比例。

年龄分布
千岛湖-旅游景点
全网分布
TGI
TGI
40%
30%
20%
10%
200
150
100
50
≤19
20~29
30~39
40~49
≥50

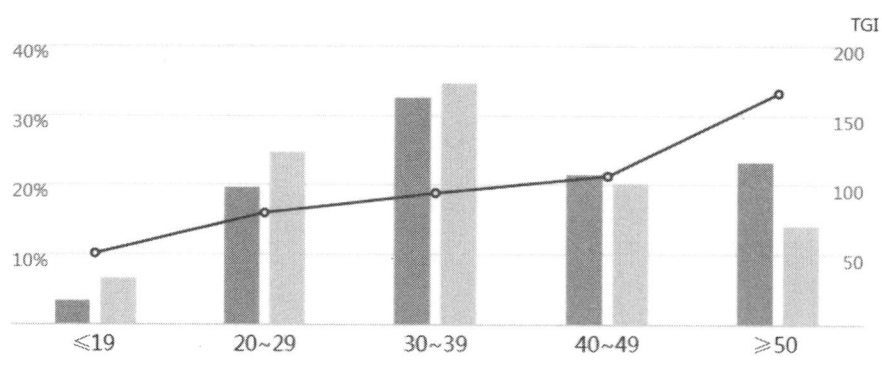

图 5–10　搜索人群年龄分布

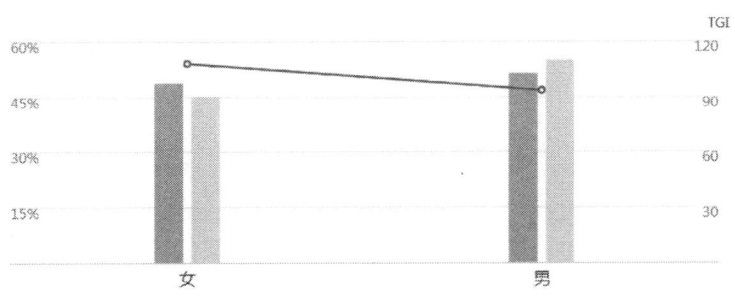

图 5-11 搜索人群性别分布

从图 5-10 和 5-11 中可以看出，搜索千岛湖旅游的游客年龄处于 30-39 岁的最多，其次是 50 岁以上的人群，搜索千岛湖旅游的男游客比女游客稍多。

2. 探寻景区客源市场洼地

对比分析图 5-8 和图 5-9，发现安徽和广东两个省份的游客对千岛湖景区的搜索量较高，都高于山东省，但是这两个省实际到达千岛湖的游客却没有山东省的游客数量多，从搜索到实际购买旅游产品的转化率偏低。说明千岛湖旅游对其出游吸引力不足，未来有一定的提升空间。因此，景区可以在这些地区进行有针对性的营销活动，刺激该地区游客来千岛湖旅游，提升千岛湖的旅游体验。

步骤三：制定营销策略

根据旅游大数据分析结果，制定相应的营销策略。

1. 巩固现有的客源市场，尤其是浙江、江苏、上海、北京、山东等地。

2. 深入挖掘客源市场洼地，对安徽、广东等转化率低的客源地有针对地进行市场营销。

3. 依靠杭黄高铁，大力发展宁波、武汉、温州、合肥、南昌及福建省等市场，策划营销活动，吸引游客。

4. 强化区域协作。杭黄高铁的建成通车将促使以千岛湖为中心，形成杭州、上海、南京、武汉、合肥等大中城市的 2-4 小时交通圈，同时成为辐射周边西湖、西溪湿地、黄山、古徽州文化旅游区、富春江、西递宏村等景区的旅游集散地，加强区域协同作用。

[任务总结]

本任务首先介绍了旅游市场细分、旅游目标市场选择和旅游市场定位的基本概念和意义,通过分析千岛湖景区的客源地分布和潜在客源市场,制定出相应的旅游市场营销策略。通过本任务的学习,学生理解了旅游市场细分、旅游目标市场选择和旅游市场定位的方法和步骤,学会了如何制定旅游市场营销的策略。

[任务实训]

1. 实训目的

掌握如何通过大数据分析来制定旅游市场营销策略,提升游客的旅游体验。

2. 实训要求

参照本任务,采集国内某景区的游客数据,进行数据预处理后分析其客源数据,挖掘潜在客源市场,并制定出相应的营销策略。

3. 操作步骤

根据[任务实施]步骤完成对景区进行抽样数据采集、数据预处理和分析,并提交各步骤结果截图。

4. 自我评价

通过实训,进行自我评价,评价量表如表5-2所示。

表5-2 旅游客源市场分析评价

评价要素	评价标准		
	优秀	良好	合格
采集景区游客数据,进行客源地分析和潜在客源市场分析,制定营销策略	能够正确采集景区游客数据,能够熟练完成客源地分析和潜在客源市场分析并进行可视化展示,整体效果美观,同时能根据分析结果制定出合理的营销策略	能够正确采集景区游客数据,在老师的指导下能够完成客源地分析和潜在客源市场分析并进行可视化展示,同时能根据分析结果制定出一部分营销策略	能够正确采集景区游客数据,在老师的指导下能够完成客源地分析和潜在客源市场分析并进行可视化展示,不能独立根据分析结果制定营销策略

项目六
旅游目的地分析

项目概述

旅游目的地是拥有特定性质的旅游资源,能够对一定规模数量的旅游者形成旅游吸引力,并能满足旅游者的特定旅游目的的各种旅游设施和服务体系的整体。通过对旅游目的地的形象感知分析,我们可以直观地看到一个旅游目的地的形象信息,从而帮助旅游目的地改进管理、营销、决策。另外,对旅游目的地的空间分布情况及空间分布特征加以知悉,有助于相关人员对旅游线路的规划或领导层对全域旅游发展的决策。

旅游大数据分析

▎职业素养园地 ▎

从云南推出的"一环、两带、六中心"这一空间发展布局来深入探讨文旅融合发展的战略意义。旅游目的地除了盈利之外，还要亲民。亲民，就需要关注民情、关注舆论，让人民群众有更多的获得感、幸福感和安全感。通过对山西美丽乡村空间分布特征分析的学习，学生思考在山西特有的地理条件下，如何充分挖掘和利用好山西的红色旅游资源，让红色旅游成为旅游山西的又一张名片。

▎思维导图 ▎

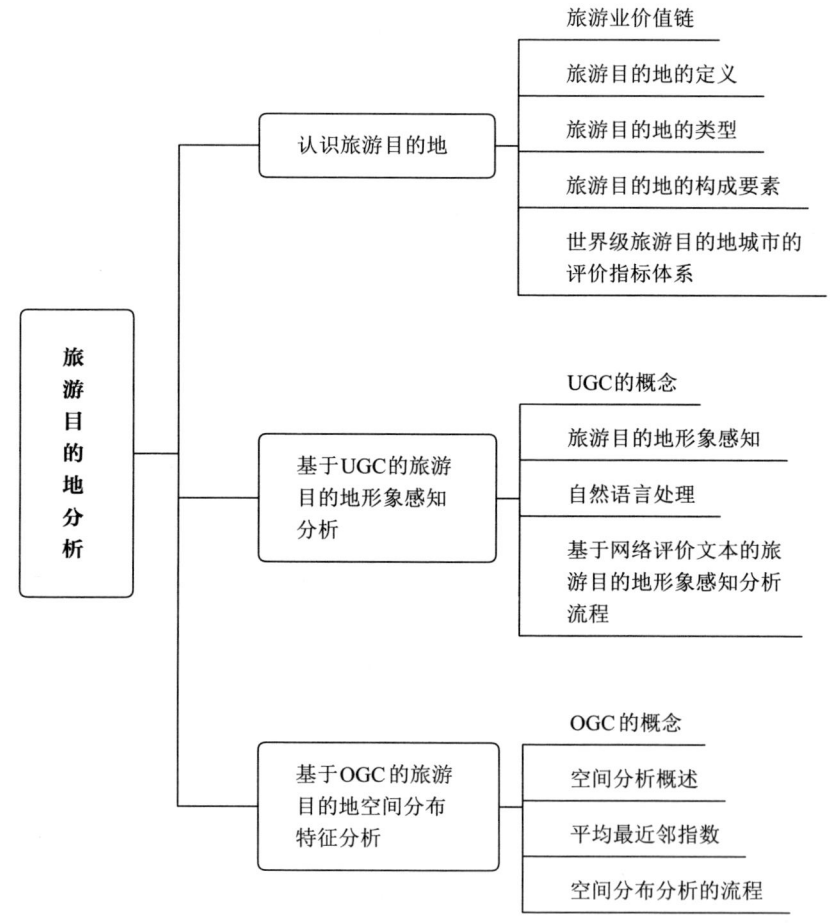

项目六 旅游目的地分析

任务 1　认识旅游目的地

[任务描述]

借助网络资源、图书资料，学习旅游目的地的定义、类型、构成要素、评价要素及旅游目的地营销的相关概念。

[任务目标]

- 了解旅游目的地的基本概念。
- 能够区分旅游目的地的不同类型。
- 知道旅游目的地的构成要素和评价的指标要素。
- 了解旅游目的地营销的相关知识。
- 了解云南推出的"一环、两带、六中心"的空间发展布局，深入思考文旅融合发展的战略意义。

[知识准备]

一、旅游业价值链

价值链的概念于1985年由美国哈佛大学教授Michael E.Porter提出。他认为，价值链是公司通过完成一系列作业而产生价值。行业价值链是公司内各业务单元之间的联结，各业务单元内部价值链上的加工联结。而旅游业价值链可分为四部分：旅游者、旅行社、旅游交通、旅游目的地。其中，旅游者代表了旅游业的消费市场。旅行社、旅游交通、旅游目的地是旅游业价值链的增值环节。

如图 6-1 所示，W_1，W_2，W_3 分别代表旅游目的地、旅游交通、旅行社在整个价值链中增加的价值，且 $W_1+W_2+W_3$ 是由旅游者付出的，旅游者是整个旅游业价值链的增值价值的贡献者。

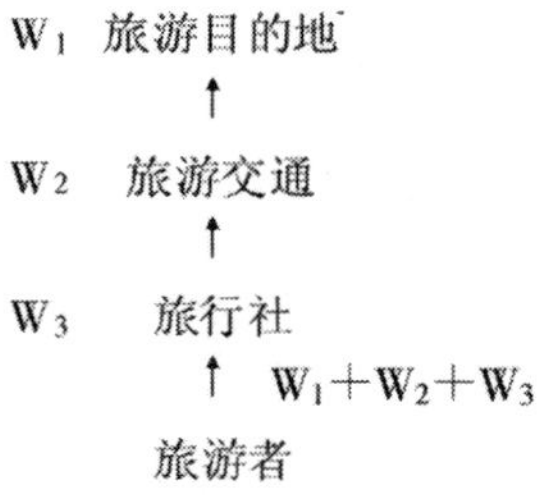

$$
\begin{array}{l}
W_1 \quad 旅游目的地 \\
\quad \uparrow \\
W_2 \quad 旅游交通 \\
\quad \uparrow \\
W_3 \quad 旅行社 \\
\quad \uparrow \quad W_1+W_2+W_3 \\
\quad 旅游者
\end{array}
$$

注：箭头的方向为一次完整旅游活动的过程

图 6-1　一次完整的旅游活动

旅行社是指有营利目的，从事旅游业务的企业。其中，旅游业务是指为旅游者代办出入境与签证手续，为旅行者安排食宿等有偿服务的经营活动。它的功能是招徕组织旅游活动，设计旅游战略，销售旅游产品，为旅游业各部门与旅游者提供市场信息和产品信息，并在各旅游部门间分配经济利益。在包价旅游中，旅行社帮助旅游者与旅游业其他部门发生联系。W_3 是旅行社为游客提供各种服务而收取的中介服务费。

旅游交通是联结旅游客源地与旅游目的地之间的桥梁，通过旅游交通旅游者才能顺利开展旅游活动。旅游者与旅游目的地之间的距离越远，W_2 越大。

旅游目的地在旅游业价值链中处于核心地位，旅游者付出 W_2，W_3 的目的是想获取旅游目的地产品。即由 W_1 所换取的同等价值的旅游产品。

二、旅游目的地的定义

旅游目的地的是拥有特定性质旅游资源，能够对一定规模数量的旅游者形成旅游吸引力，并能满足旅游者的特定旅游目的的各种旅游设施和服务体系的整体。一个特定的地区要成为旅游目的地，必须具备三个条件：一是要拥有一定数量的旅游资源，同时，这种旅游资源可以满足旅游者某些旅游活动的需要；二是要拥有各种与旅游资源性质相适应的地面旅游设施和交通条件，旅游者可以借助这些设施从不同的地区顺利到达旅游地并利用这些设施在该地停留；三是该地区具有一定的旅游需求流量。可见，旅游目的地是一种集旅游资源、旅游活动项目、旅游地面设施、旅游交通和市场需求于一体的空间复合体。

三、旅游目的地的类型

（一）按满足旅游者旅游活动的类型划分

从旅游目的地的资源性质和特点出发，以满足旅游者旅游活动的类型为标准，可以将旅游目的地分为观光旅游目的地、度假旅游目的地和特殊需求旅游目的地三种类型。

1. 观光旅游目的地

观光旅游目的地是指资源性质和特点适合于开展观光旅游活动的旅游目的地，主要有自然观光旅游目的地、城市观光旅游目的地、名胜观光旅游目的地三种类型。观光旅游目的地既是观光旅游的空间依托，也是一种传统型的旅游目的地，它在世界旅游活动中占有重要的地位。

2. 度假旅游目的地

度假旅游目的地是指资源性质和特点能满足旅游者度假、休闲和休养需要的旅游目的地，主要有海滨度假旅游目的地、山地温泉度假旅游目的地、乡村度假旅游目的地三种类型。

3. 特殊需求的旅游目的地

特殊需求的旅游目的地有探险旅游目的地、修学旅游目的地、购物旅游目的地、保健旅游目的地等。

（二）按旅游目的地的构造方式划分

旅游目的地在构造方式上可以是板块性的也可以是点线性的。

1. 板块性旅游目的地

板块性旅游目的地是指旅游吸引物紧密地集中在某一个特定区域，所有的旅游活动在空间上都是以这个旅游目的地为中心展开的、以这个旅游目的地的服务设施及旅游体系为依托的旅游目的地。

2. 点线性旅游目的地

点线性旅游目的地是指旅游吸引物分散于一个较广泛的地理空间区域内，在不同的空间点上各个吸引物之间的吸引力是相对均衡的，没有明显的中心吸引点的旅游目的地。它通过一定的旅行方式和组织将这些不同的空间点上的吸引物以旅游路线的形式结合在一起，旅游者在某一空间点只停留一段时间。通常，旅行方式与组织体系是点线性旅游目的地形成的主要条件。

（三）按空间范围大小划分

旅游目的地按空间范围大小来划分可以分为国家旅游目的地、区域性旅游目的地、城市旅游目的地和景区型旅游目的地等四种类型。

1. 国家旅游目的地

国家旅游目的地是以世界旅游空间范围的跨国旅游来划分的，属于国际型旅游目的地的范畴，一般由多个区域性旅游目的地组成。旅游目的地国家突出的功能是建立与世界主要客源地之间的便利的国际航空交通，并具有向各个区域性旅游地分散客流的经济功能，如马尔代夫。

2. 区域性旅游目的地

区域性旅游目的地是从一个国家空间范围来划分的，通常由多个城市旅游目的地组成。区域性旅游目的地是以国内航空港及铁路中转交通为中心建立起来的旅游服务体系，这个体系包括多个旅游城市和若干个旅游景区。良好的进入条件、方便的客源分流体系是区域旅游目的地的主要经济特征，如加勒比海地区（古巴、牙买加、多米尼加等）、我国东部沿海和西部内陆城市旅游目的地（绍兴、青海等）。

3. 城市旅游目的地

城市旅游目的地是从一个特定旅游景区与空间范围来划分的，是由多个旅游景区所组成的。城市旅游目的地不但具有参观、游览和观光功能，同时还具有完备的以住宿为主题的接待体系，并以便利的公路交通作为保证。

4. 景区型旅游目的地

景区型旅游目的地是旅游目的地的最小单位，景区是独立的单位、专门的场所，以一个特色为主，划分明确，面积不大的区域。景区主要具有供旅游者参观、游览和观光的功能，一般不具有住宿的功能，如故宫博物院、九寨沟、都江堰旅游景区。

旅游目的地的空间范围决定着旅游目的地的市场范围，也决定着这个旅游目的地的供给规模和需求规模，从而决定着旅游地的旅游经济实力；旅游目的地空间范围的大小也决定着旅游目的地的社会分工的功能。不同层次的旅游目的地在旅游空间体系中的分工是不同的。不同旅游目的地之间的合理分工，便构成了一个国家旅游空间的组织结构。

四、旅游目的地的构成要素

旅游目的地的构成要素包括旅游吸引物、旅游服务设施、旅游基础设施、旅游管理机构。这些设施和服务的组合可以为旅游者提供完整的旅游体验。

1. 旅游吸引物

旅游吸引物是一切旅游活动的核心，包括自然风光、人文景观、文物遗迹、人文活动、游乐园等。自然风光是最有吸引力的旅游吸引物之一，如独特的地形、气候及自然景观。人文景观包括古代古迹、宗教场所、考古遗址、园林风景、历史文化街区等，以及人们独特的文化表现形式，如民宿小镇、民间艺术、民族文化与传统礼节。

2. 旅游服务设施

旅游服务设施包括餐饮住宿设施、商业服务设施、娱乐设施。其中，餐饮住宿设施包括各种宾馆饭店、休疗养院、野营地、度假村、民居、野营地等。商业服务设施是指为游客提供日常用品和旅游商品购买的商业网点。

3. 旅游基础设施

旅游基础设施是指为旅游者提供公共服务的物质工程设施，是用于保证旅游活动正常进行的公共服务系统，如银行金融机构和水电通信设施等。

4. 旅游管理机构

旅游管理机构有文化和旅游部、省文旅厅、景区管委会等。

五、世界级旅游目的地城市的评价指标体系

联合国世界旅游组织专家贾云峰教授团队认为,世界级旅游目的地是指具备吸引国内国际游客前来观光游览、休闲度假和会议会展,各项配套要素达到国际化标准的旅游地域综合体,包括树立了世界级旅游形象,拥有世界级旅游吸引物,具备国际游客出入便利的海陆空交通体系,达到世界级标准的旅游接待设施与服务管理水平等。

贾云峰教授团队重点研究中观尺度,以城市为评价单元,遵循指标评价体系的基本原则,运用定性描述与定量分析、经验选择与专家咨询相结合的方法,构建了世界级旅游目的地城市的评价指标体系。该体系由4个一级指标、13个二级指标、35个三级指标组成。具体的评价指标体系如表6-1所示。

表6-1 世界级旅游目的地城市评价指标体系

游客与产业经济	资源与吸引力	政策与基础配套	文化和可持续发展
客源结构	资源禀赋	政策举措	旅游环境
旅游经济	品牌形象	基础设施	可持续发展
产业影响力	产品结构	智慧治理	
		人力资源	
		安保安全	

游客与产业经济层面,主要包括客源结构、旅游经济和产业影响力三个角度。一个成熟的世界级旅游目的地其客源结构必须是多元的,不仅有本区域、本省、本国的游客,而且对世界其他区域的游客也具有一定的吸引力。除了经济效益以外,旅游发展还应该为地区社会、生态事业进步作出贡献,实现综合效益的最大化。

资源与吸引力层面,主要包括资源禀赋、品牌形象和产品结构三个角度。世界级旅游目的地必须要有世界级的旅游资源,表现在产品上有两点:(1)旅游要素结构多样,不仅要保证要素体系的数量足够多,同时还要保障要素的创新性;(2)旅游吸引物结构多样,面对日益变化的客群,不仅要有传统的高等级旅游景区和国家级度假区,同时还要有各类专项产品,提供多种旅游产品组

合和线路服务。

政策与基础配套层面，主要包括政策举措、基础设施、智慧治理、人力资源和安保安全五个角度。面对国际旅游市场，要做到口岸设施现代化、出入境手续方便、网络运行便捷、探索试行72小时免签、人民币自由兑换、离岛免税等新政策，为国际游客提供一个便捷的旅游准入环境。要构建高效、快速、安全、直达的交通环境，降低旅行过程中的交通时间成本。区域的社会稳定、安全安保、人力资源素质、服务质量等也是支撑世界级旅游目的地的重要因素。

文化和可持续发展层面，主要包括旅游环境和可持续发展。要高度注重本土文化的挖掘，塑造独特的城市文化特性和地标建筑，让游客能够在这片土地上实现"诗意的栖居"，在旅游中显现了自身，获得了真理，实现了对生活热情的重燃和处世态度、价值观念的升华。世界级旅游目的地还应服务于联合国的宗旨，通过旅游开发，转变区域产业结构，促进生态环境保护，降低人为活动对自然资源的破坏程度，助力减贫事业发展，为建设人类命运共同体做出努力。

[任务实施]

参考旅游目的地的构成要素和世界级旅游目的地指标体系中的某一个指标，针对云南省设计一份调查问卷。

[任务总结]

通过本任务的学习，学生了解旅游目的地的概念、分类，理解旅游目的地的构成要素，知道世界级旅游目的地城市的评价指标体系。

[任务实训]

1. 实训目的

深刻理解不同类型的旅游目的地。

2. 实训要求

根据所学知识，结合网络信息检索，填写表格6-2。

表6-2 旅游目的地的分类

旅游目的地的划分依据	具体分类	举例说明

3. 自我评价

通过实训，进行自我评价，评价量表如表6-3所示。

表6-3 评价量表

评价要素	评价标准		
	优秀	良好	合格
深刻理解不同类型的旅游目的地	准确地总结不同类型的旅游目的地及其特点，且举例说明	能准确地总结不同类型的旅游目的地及其特点	基本能够总结不同类型的旅游目的地

项目六 旅游目的地分析

任务 2　基于 UGC 的旅游目的地形象感知分析

[任务描述]

使用 ROST CM6 软件，针对周村古商城的评论数据进行旅游目的地形象感知分析（词频分析、社会网络语义分析、情感分析），为旅游地管理、营销、服务与规划、决策等提供支持。

[任务目标]

- 了解 UGC 的划分标准。
- 知道旅游目的地形象感知的概念、意义和感知路径。
- 理解 NLP 的工作原理。
- 掌握旅游目的地形象感知分析的流程。
- 知道旅游数据分析的根本目的是帮助企业盈利的同时，还能增强人民群众的获得感和幸福感。

[知识准备]

一、UGC的概念

UGC（User Generated Content）是用户生成内容，即用户原创内容。UGC 的概念最早起源于互联网领域，即用户将自己原创的内容通过互联网平台进行展示或者提供给其他用户。常见的互联网平台有：好友社交网络，如 Facebook、My Space、抖音、开心网、人人网（校内）、朋友网（QQ 校友）、众众网；视频分享网络，如 YouTube、优酷、搜狐视频、bilibili、抖音等；照片分享网络，如 Flickr、又拍网、图钉等；知识分享网络，如百度百科、百度知道、维基百科、豆瓣网等；社区论坛，如百度贴吧、天涯社区、知乎等；微博，如 Twitter、新浪微博等。

二、旅游目的地形象感知

旅游项目的开发是旅游业发展的物质基础，要使旅游目的地旅游业可持续发展，保持顽强的生命力，树立与维持旅游目的地在旅游者心目中的良好形象就是一个关键。在激烈的市场竞争中，形象塑造已成为旅游地占领市场制高点的关键。

（一）目的地形象

目的地形象指的是旅游目的地，包括其旅游活动、旅游产品及服务等在人们心目中形成的感知、信念、想法和总体印象。旅游目的地的印象还可以说是旅游者对旅游目的地总体的、抽象的认识和评价。同时，它也是影响旅游者旅游决策和满意度的重要因素。

（二）游客感知

游客感知是指游客对旅游目的地的有形和无形的环境，在各方面要素的影响下形成的个人独特感受，贯穿整个旅游过程。好的游客感知有利于游客的满意度和忠诚度的明显提升，而差的游客感知则会带来投诉和抱怨。

旅游目的地形象感知是游客通过对旅游目的地不同客观事物、不同属性的反应所做出的对旅游目的地的认知、印象、偏见及情感认知的表达。

（三）研究旅游目的地形象感知的意义

1. 帮助旅游目的地树立正确的形象

了解目的地的形象，助其树立正确的旅游目的地的形象，为潜在的旅游者提供相应的旅游目的地的感知形象。同时这对提升旅游地竞争力而言也是非常重要的环节。

2. 使旅游开发者明晰目的地的具体形象

可以使旅游开发者清晰地知道其旅游目的地的具体旅游形象是怎样的，从而据此寻找相应的客源市场。

3. 加强游客对旅游目的地的形象感知

人们前往某一目的地之前对该目的地的感知，会影响其对目的地的选择；到达目的地之后的认知，会影响人们的消费行为和后续行为。游客对旅游目的地形象的感知严重影响着游客的最终决策及游客满意度、忠诚度。

（四）游客对旅游目的地形象的感知路径

1. 旅游认知形象感知

旅游住宿和餐饮认知感知是旅游形象感知中游客比较容易感受到的部分。在旅游住宿方面，随着行业的发展，人们的住宿选择也越来越多。常见的有快捷酒店、星级酒店、家庭旅馆等，还有现在很流行的民宿等。而提到旅游餐饮，人们就会自然地想到厦门的"张三疯"、北京全聚德的烤鸭、天津的"狗不理包子"、杭州的西湖龙井等。

2. 旅游情感形象感知

旅游情感形象感知是旅游者对旅游目的地不同属性的情感偏好。比如，在游客对杭州旅游情感形象感知中，西湖旅游景区满意度得分最高。杭州西湖经过多年的自然人文积淀，"西湖美景三月天"、断桥残雪、苏堤春晓、雷峰夕照、三潭印月等词汇已经成为其形象的代名词。另外，杭州作为 2016 年 G20 峰会的举办地，也让旅游者多次表达了对她的偏爱之情。

3. 旅游整体形象感知

一个地方的总体形象是感知/认知评价与情感评价的综合结果。人们对一个目的地多方面的属性感知将影响其对一个目的地总体形象的形成。旅游目的地在游客的感知中表示的不仅是地名，还是对目的地境内所有旅游资源形象的代表。

4. 旅游景点形象感知

旅游景点形象包括旅游自然景观形象和人文景观形象。调查大城市居民的出游预期，结果显示超过一半的游客最希望在旅游目的地看到的景观是自然山水景观和人文古迹景观。这说明旅游景点形象在游客心中占据着十分重要的地位。人们出来旅游希望亲近自然，感受自然景观带来的视觉上和心灵上的冲击，收获旅行的快乐。而在人文景观方面，对旅游博客进行分析后发现，游客对秦皇岛的人文景点的评价却是大相径庭。主要由于秦皇岛某些景区的强制捆绑消费、乱收费现象严重，一些文物古迹没有了原本的形象风貌；另外景区文化内涵的流失及管理工作的不到位都让游客产生了不良的目的地印象。这说明，在游客心中景区的文化内涵是驱使其到某一旅游目的地的初衷，景区人文景观是一种文化的展示，是旅游过程中不可缺失的一部分。

5. 旅游设施服务感知

旅游设施服务感知分为旅游设施和旅游服务两个方面。游客在旅游过程中接触到的基础设施服务包括景点指示牌、洗手间、娱乐设施、游客休憩的椅子凳子、安全防火设施、餐饮服务、住宿休息地等。而旅游服务则包括景区内的交通引导、各类娱乐活动、景区信息的获取等。这些必不可少的设施和客观的服务对游客认知感知的形成具有促进作用。

三、自然语言处理

（一）自然语言处理的概念

自然语言处理（NLP，Natural Language Processing）是研究人与计算机交互的语言问题的一门学科。处理自然语言的关键是要让计算机"理解"自然语言并能够做出反馈。简单来说，自然语言处理就是机器语言和人类语言之间沟通的桥梁，以实现人机交流为目的，如图6-2所示。

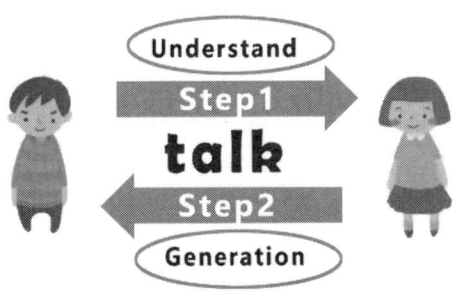

图6-2 自然语言处理示意图

（二）自然语言处理的工作原理

自然语言处理的两个核心任务分别是自然语言理解（NLU，Natural Language Understanding）和自然语言生成（NLG，Natural Language Generation）。

自然语言理解是所有支持机器理解文本内容的方法模型或任务的总称，包括分词、词性标注、句法分析、文本分类/聚类、信息抽取/自动摘要等任务。简单来说，就是希望机器可以和人一样，有理解他人语言的能力。自然语言理解分为接收自然语言、转译自然语言、分析自然语言并输出结果三个步骤。

自然语言生成就是将非语言格式的数据转换成人类的语言格式，以达到人机交流的目的。自然语言生成分为三个步骤：（1）发送相关指令，获取数据；（2）分析数据、选择数据、得出结论；（3）将结论转化成语言并输出。

（三）自然语言处理的分析层面

1. 第一层面：词法分析

词法分析包括汉语的分词和词性标注这两部分。分词是将输入的文本切分为单独的词语。词性标注是为每一个词赋予一个类别。类别可以是名词（noun）、动词（verb）、形容词（adjective）等；属于相同词性的词，在句法中承担类似的角色。

2. 第二层面：句法分析

句法分析是对输入的文本以句子为单位进行分析，以得到句子的句法结构的处理过程。目前有三种比较主流的句法分析方法：短语结构句法体系、依存结构句法体系、深层文法句法分析。短语结构句法体系，其作用是识别出句子中的短语结构及短语之间的层次句法关系（介于依存句法分析和深层文法句法分析之间）。依存结构句法体系（属于浅层句法分析），其作用是识别句子中词与词之间的相互依赖关系；实现过程相对来说比较简单，而且适合在多语言环境下应用，但是其所能提供的信息也相对较少。深层文法句法分析是利用深层文法，对句子进行深层的句法及语义分析。例如词汇化树邻接文法、组合范畴文法等都是深层文法；深层文法句法分析可以提供丰富的句法和语义信息；深层文法相对比较复杂，分析器的运行复杂度也比较高，不太适合处理大规模的数据。

3. 第三个层面：语义分析

语义分析的最终目的是理解句子表达的真实语义。语义表示形式至今没有一个统一的方案。语义角色标注（Semantic Role Labeling）是目前比较成熟的浅层语义分析技术，一般都在句法分析的基础上完成，句法结构对于语义角色标注的性能至关重要。它通常采用级联的方式，逐个模块分别训练模型。另一种语义分析技术是联合模型，它是将多个任务联合学习和解码，通常都可以显著提高分析质量，其复杂度更高，速度也更慢。

（四）自然语言处理的应用领域

1. 机器翻译

机器翻译属于自然语言信息处理的一个分支，是能够将一种自然语言自动生成另一种自然语言又无须人类帮助的计算机系统。目前，谷歌翻译、百度翻译、搜狗翻译等人工智能行业巨头推出的翻译平台逐渐凭借其翻译过程的高效性和准确性占据了翻译行业的主导地位。

2. 打击垃圾邮件

当前，垃圾邮件过滤器已成为抵御垃圾邮件问题的第一道防线。自然语言处理通过分析邮件中的文本内容，能够相对准确地判断邮件是否为垃圾邮件。目前，贝叶斯（Bayesian）垃圾邮件过滤是备受关注的技术之一，它通过学习大量的垃圾邮件和非垃圾邮件，收集邮件中的特征词生成垃圾词库和非垃圾词库，然后根据这些词库的统计频数计算邮件属于垃圾邮件的概率，以此来进行判定。

3. 信息提取

金融市场中的许多重要决策正日益脱离人类的监督和控制。算法交易正变得越来越流行，这是一种完全由技术控制的金融投资形式。但是，许多财务决策都受到新闻的影响。因此，自然语言处理的一个主要任务是获取这些明文公告，并以一种可被纳入算法交易决策的格式提取相关信息。例如，公司之间合并的消息可能会对交易决策产生重大影响，将合并细节（包括参与者、收购价格）纳入交易算法中，这或将带来数百万美元的利润。

4. 文本情感分析

情感分析作为一种常见的自然语言处理方法的应用,可以让我们从大量数据中识别和吸收相关信息,并理解更深层次的含义,如企业分析消费者对产品的反馈信息,或者检测在线评论中的差评信息等。

5. 自动问答

随着互联网的快速发展,网络信息量不断增加,人们需要获取更加精确的信息。传统的搜索引擎技术已经不能满足人们越来越高的需求,而自动问答技术则成了解决这一问题的有效手段。自动问答是指利用计算机自动回答用户所提出的问题以满足用户知识需求的任务,在回答用户问题时,首先要正确理解用户所提出的问题,抽取其中关键的信息,在已有的语料库或者知识库中进行检索、匹配,将获取的答案反馈给用户。

6. 个性化推荐

自然语言处理可以依据大数据和历史行为记录,学习出用户的兴趣爱好,预测出用户对给定物品的评分或偏好,实现对用户意图的精准理解,同时对语言进行匹配计算,实现精准匹配。例如,在新闻服务领域,通过用户阅读的内容、时长、评论等偏好,以及社交网络甚至是所使用的移动设备型号等,综合分析用户所关注的信息源及核心词汇,进行专业的细化分析,从而进行新闻推送,实现新闻的个人定制服务,最终提升用户黏性。

四、基于网络评价文本的旅游目的地形象感知分析流程

根据新浪微博采集到的关于周村古商城的评论数据,选择使用中国武汉大学沈教授研发编码的人文社会科学研究的计算平台——ROST CM6 软件进行形象感知分析。分析流程如图 6-3 所示。

操作视频 6-1:
使用 ROST CM6
软件进行形象感知
分析

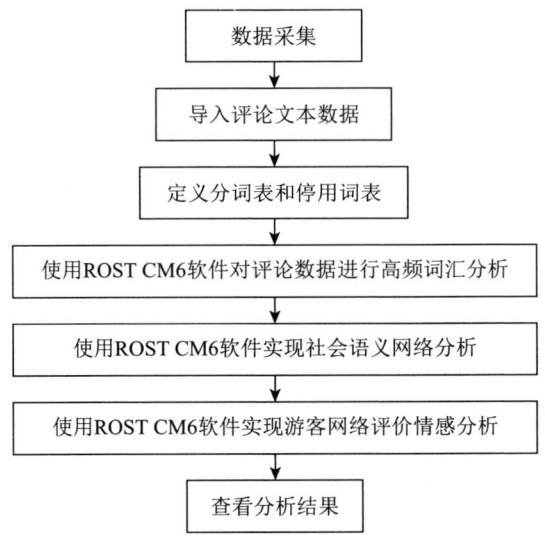

图 6-3 分析流程

[**任务实施**]

步骤一：使用后羿采集器从新浪微博采集关于"周村古商城"的评论数据，并整理为"周村古商城采集数据 .txt"

步骤二：在 ROST CM6 软件中选择"功能性分析"—"分词"，打开"分词窗口"窗口，设置"待处理文件"选项为"周村古商城采集数据 .txt"，其他选项默认

步骤三：查看分词效果，发现"古商城"分为"古"和"商城"两个词、"天下第一村"分为"天下第一"和"村"两个词，需要调整分词库。选择"工具"—"自定义文件"—"分词自定义词表"和"分词过滤词表"，将"古商城"和"天下第一"等词语添加到文件中并保存。同时使用类似的方法在分词过滤词表中增加停用词。选择"工具"—"自定义文件"—"重载自定义词表"—"确定"

步骤四：重复步骤二和步骤三，重新分析，查看分词最终效果（图 6-4）

项目六 旅游目的地分析

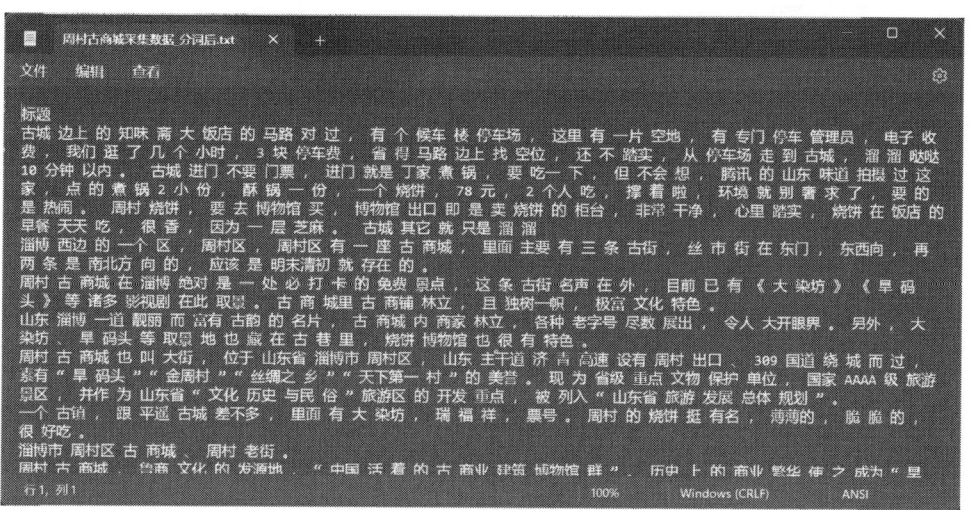

图 6-4 分词最终效果

步骤五：在 ROST CM6 软件中选择"功能性分析"—"词频分析（中文）"，打开"汉语词频统计"窗口，设置各个参数，得到词频统计结果如图 6-5 所示

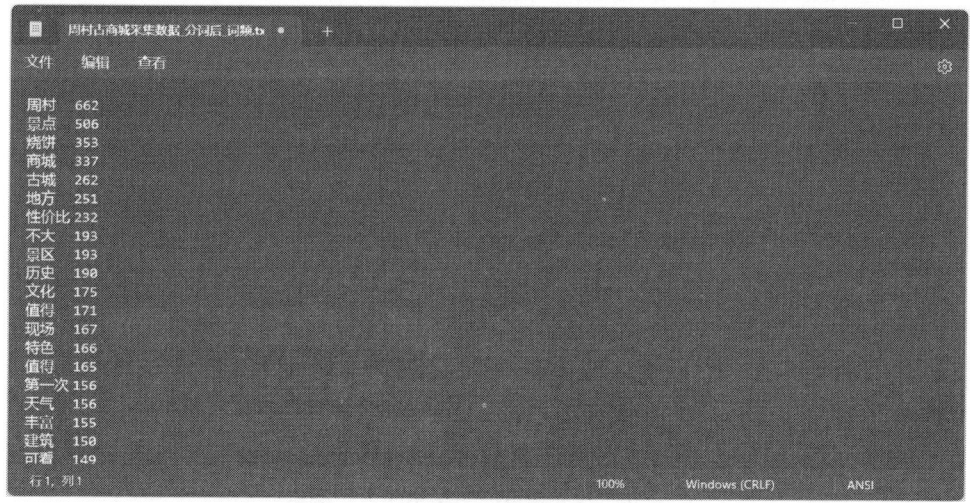

图 6-5 词频分析窗口设置结果

最终经过词频分析后，得到高频词汇及词频排名，如图 6-6 所示。

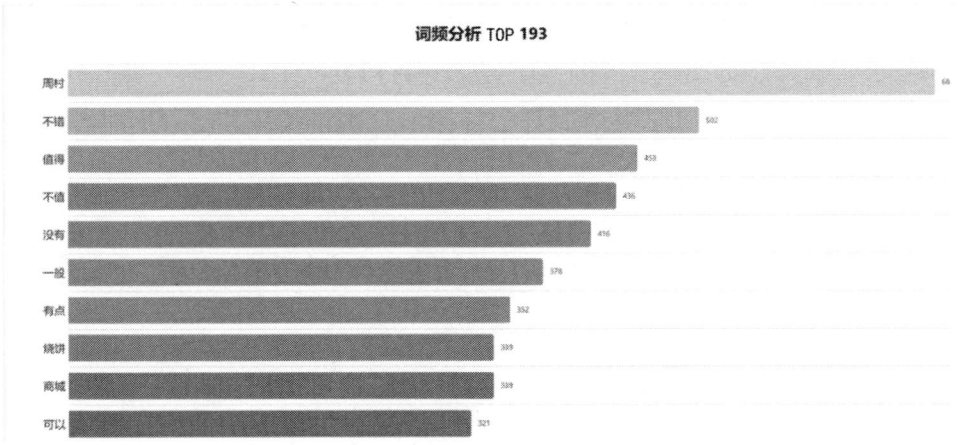

图 6-6　词频分析排名

步骤六：在 ROST CM6 软件中选择"功能性分析"—"社会网络和语义网络分析"，打开"汉语词频统计"窗口，设置各个参数，得出分析结果如图 6-7 所示

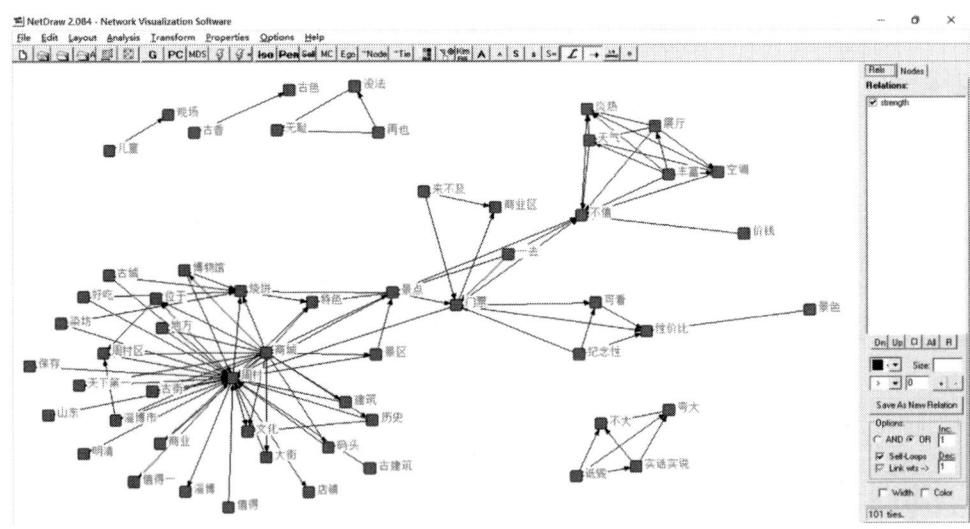

图 6-7　社会网络和语义网络分析结果

步骤七：在 ROST CM6 软件中选择"功能性分析"—"情感分析"，打开"情感横向分析"窗口，设置各个参数

步骤八：在"情感分析"窗口右下侧点击"查看"，查看情感分析结果，如图 6-8 所示。

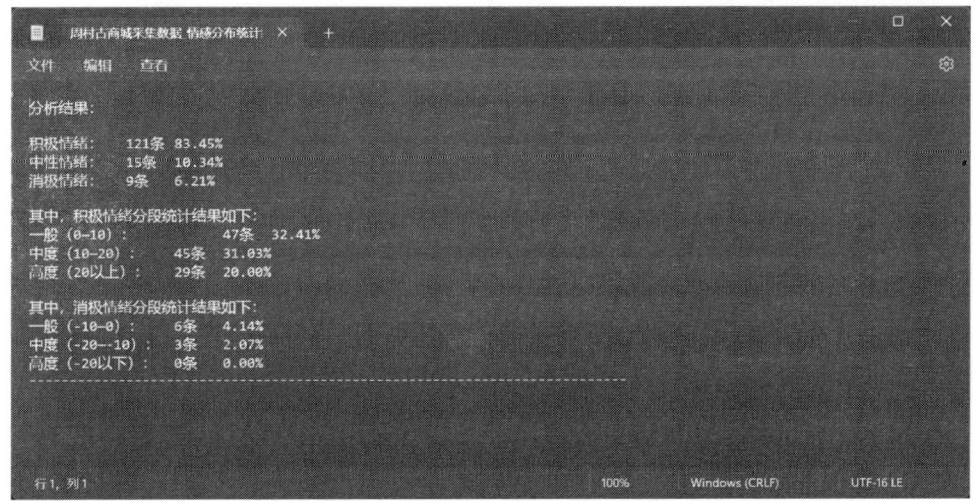

图 6-8　情感分析分段统计结果

[任务总结]

本任务使用 ROST CM6 软件，针对周村古商城的网络评价文本进行了词频分析和社会网络语义分析，通过高频词汇频次表和社会网络语义图可以看出，周村古商城是拥有深厚文化底蕴的古商城。同时还进行了情感分析，分析结果中积极情绪占 83.45%，消极情绪占 6.21%，说明游客对周村古商城的总体评价是非常好的。通过本任务的学习，学生了解了旅游目的地形象感知分析的几个方面，同时理解了进行文本分析的原理和分析流程。

[任务实训]

1. 实训目的

掌握文本分析的方法、流程。

2. 实训要求

参照本节课案例，针对九寨沟景区的文本数据进行游客感知评价分析。

3. 操作步骤

根据［任务实施］步骤完成九寨沟景区的游客感知评价分析，并将设置过程和预测结果截图提交。

4. 自我评价

通过实训，进行自我评价，评价量表如表 6-4 所示。

表 6-4　评价量表

评价要素	评价标准		
	优秀	良好	合格
熟练掌握感知分析流程	能理解自然语言处理的工作原理，并且高质与高效地完成感知分析，并能提出新颖的想法	能高质与高效地完成感知分析	基本能够完成感知分析，但需要进一步指导

项目六
旅游目的地分析

任务 3 基于 OGC 的旅游目的地空间分布特征分析
——以山西美丽乡村空间分布为例

[任务描述]

使用 ArcGIS 工具，对 2010—2022 年的山西省美丽乡村旅游目的地进行空间分布分析，为旅游线路规划、全省的全域旅游等提供数据支持。

[任务目标]

- 了解 OGC 的含义。
- 能够辨别生活中一些常用的 OGC 网站。
- 了解空间分析的概念和空间分析的内容。
- 深刻理解空间分布模式的概念、分类和作用。
- 理解平均最近邻指数的含义。
- 熟练使用 ArcGIS 软件中的相关工具对山西美丽乡村目的地实现点状要素在山西省地图上的可视化。
- 熟练使用 ArcGIS 软件中的平均最近邻分析工具对山西美丽乡村目的地空间分布特征进行分析。
- 思考在山西特有的地理条件下，如何充分挖掘和利用好山西的红色旅游资源，让红色旅游成为山西的一张名片。

[知识准备]

一、OGC的概念

OGC（Occupationally-generated Content），品牌生产内容，是指有一定知识和专业背景的行业人士生产内容，并且这些人士会收取相应的报酬。例如，平台媒体的记者、编辑，既有新闻的专业背景，也以写稿为职业领取报酬；企业的官网，内容靠员工自愿进行采写，生产出来供用户浏览。

二、空间分析概述

（一）空间分析的概念

空间分析主要通过空间数据和空间模型的联合分析来挖掘空间目标的潜在信息，而这些空间目标的基本信息，无非是其空间位置、分布、形态、距离、方位、拓扑关系等，其中距离、方位、拓扑关系组成了空间目标的空间关系，它是地理实体之间的空间特性，可以作为数据组织、查询、分析和推理的基础。将地理空间目标划分为点、线、面不同的类型，可以获得这些不同类型目标的形态结构。将空间目标的空间数据和属性数据结合起来，可以进行许多特定任务的空间计算与分析。

（二）空间分析的主要内容

空间位置：借助空间坐标系传递空间对象的定位信息，是空间对象表述的研究基础，即投影与转换理论。

空间分布：同类空间对象的群体定位信息，包括分布、趋势、对比等内容。

空间形态：空间对象的几何形态。

空间距离：空间物体的接近程度。

空间关系：空间对象的相关关系，包括拓扑、方位、相似、相关等。

（三）空间分布模式

分布一般是指多个事务之间的相对方向、距离等物理定义。在地理学中，"空间分布模式"一般是指人或者物体在现实世界中的组织和位置，还可以指它们之间的距离的远近或者说它们之间呈现的相对或者绝对位置的规律。

（四）空间分布模式的分类

空间分布模式一般来说分为聚集、离散和随机三种模式。离散的概念就是指观测的每个数据之间的差异程度，离散程度越大，差异性就越大。聚集与离散正好相反，表示在一定区域内的相关程度，即聚集程度越大，相关性越大。随机是纯粹的无模式，既不能从随机数据中获取结论，也发现不了规律和模式。

空间分布模式是空间统计学最重要的研究内容。换句话说，空间统计学主要的工作就是研究空间数据的分布模式。

（五）空间分布模式的作用

空间分布模式可以帮助分析经济学领域中的商业广告和分销策略之间的因果联系，也有助于理解环境科学特定区域的特征及人类对它们的反应等。

三、平均最近邻指数

最近邻分析是根据每个要素与其最近邻要素之间的平均距离计算其最近邻指数。最近邻指数是平均观测距离和平均期望距离之比。如果小于 1，则要素呈现空间聚集式；如果大于 1，则要素呈现空间离散模式或竞争模式。在本任务中，平均最近邻指数（ANN）指最相邻两处乡村目的地之间的平均观测距离和平均期望距离之比。计算公式为：

$$\text{ANN} = \frac{d_i}{d_e} = \frac{1}{n}\sum_{i=1}^{n}\frac{x_i}{\frac{1}{\sqrt{n/A}}}$$

上述公式中，d_i 为最相邻两处乡村旅游目的地之间的实际平均观测距离；d_e 为各点之间的平均期望距离；x_i 为第 i 个点到其最相邻的点之间的距离；n 为乡村旅游目的地的数量；A 为乡村旅游目的地的总面积。

四、空间分布分析的流程

针对山西 2010—2022 年的美丽乡村的旅游目的地，选择 ArcGIS 工具对其进行空间分布特征的分析。

使用 ArcGIS 工具进行分析的流程如图 6-9 所示。

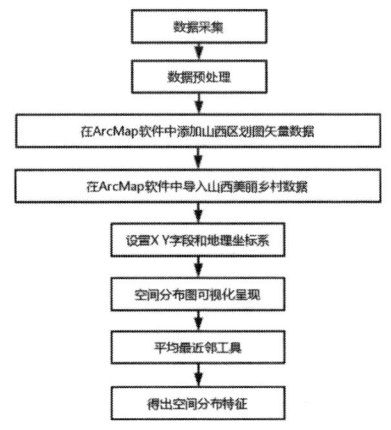

操作视频 6-2：使用 ArcGIS 工具进行空间分布特征分析

图 6-9　ArcGIS 对乡村旅游目的地分析流程

[任务实施]

步骤一：从中华人民共和国农业农村部官网（https：//www.moa.gov.cn）获取 2010-2022 年间认定的中国美丽休闲乡村名单，并整理为 Excel 表格

步骤二：在国家地理信息公共服务平台（https：//map.tianditu.gov.cn）获取各乡村旅游目的地的经纬度。Excel 具体数据如图 6-10 所示

年度	乡村名	经度	维度
2010-2017	山西省大同市灵丘县红石塄乡上北泉村	114.4	39.3
2010-2017	山西省阳泉市郊区平坦镇桃林沟村	113.56	37.89
2010-2017	山西省阳泉市平定县娘子关镇娘子关村	113.89	37.96
2010-2017	山西省阳泉市平定县岔口乡理家庄村	113.69	38.07
2010-2017	山西省阳泉市平定县冶西镇上南茹村	113.48	37.78
2010-2017	山西省长治市上党区振兴新区振兴村	113.12	35.89
2010-2017	山西省长治市上党区南宋镇东掌村	113.05	35.92
2010-2017	山西省长治市平顺县石城镇白杨坡村	113.68	36.33
2010-2017	山西省长治市平顺县东寺头乡神龙湾村	113.66	36.09
2010-2017	山西省晋城市阳城县北留镇皇城村	112.58	35.52
2010-2017	山西省朔州市朔城区神头镇东神头村	112.57	39.39
2010-2017	山西省晋中市榆次区东赵乡后沟村	112.91	37.76
2010-2017	山西省晋中市和顺县松烟镇许村村	113.67	37.15
2010-2017	山西省忻州市忻府区合索镇北合索村	112.58	38.46
2010-2017	山西省吕梁市临县碛口镇李家山村	110.77	37.63
2010-2017	山西省吕梁市汾阳市贾家庄镇贾家庄村	111.82	37.29
2018	山西省介休市张壁村	111.97	36.96
2018	山西省阳曲县上安村	112.67	38.11
2018	山西省盂县王炭咀村	113.49	38.12
2018	山西省壶关县常平村	113.24	35.89
2018	山西省长治县东掌村	113.33	35.91
2019	山西省忻州市岢岚县宋家沟乡宋家沟村	111.67	38.65

图 6-10　原始数据

步骤三：使用 ArcMap 工具添加山西行政区划图，同时添加市级名称

1. 打开 ArcMap 工具，点击"添加数据"按钮，选择添加"山西省_市.shp"矢量图文件（图 6-11）。

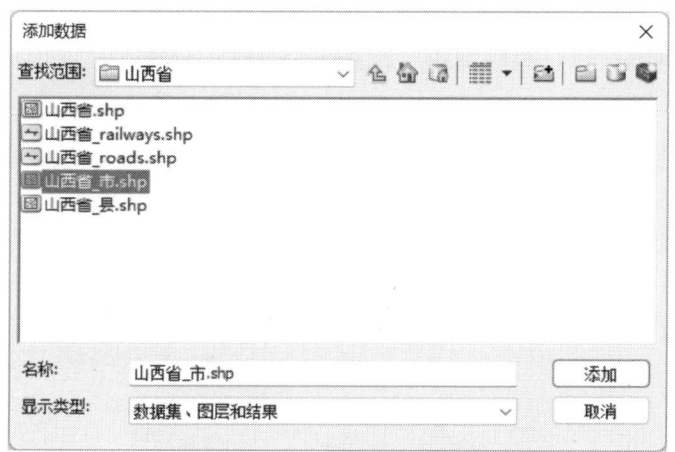

图 6-11　添加山西行政区划图

2. 选择"插入"—"文本"，依次插入山西 11 个地级市的名字，同时将文本框放入地图相应的位置。

步骤四：使用 ArcMap 工具添加"山西美丽乡村 .xls"→ Sheet1$ 数据，如图 6-12 所示

图 6-12　添加"山西美丽乡村 .xls"

步骤五：在"内容列表"一栏，选中"Sheet1$"右击选择"显示 XY 数据"—设置 X 字段为"经度"、Y 字段为"维度"、点击"编辑"配置地理坐标系为"China Geodetic Coordinate System 2000"—"确定"

步骤六：使用左键单击"标记"，出现"符号选择器"对话框，可在里面选择自己喜欢的符号，加以确定（图 6-13）

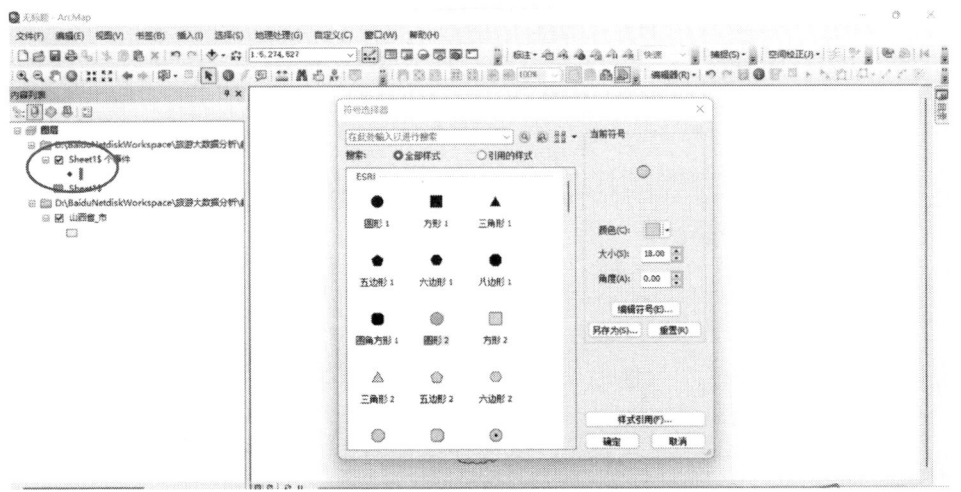

图 6-13　空间分布图标记设置

步骤七：在"Sheet1$ 个事件"右击—"数据"—"导出数据"—"确定"—"是"，左侧"内容列表"中出现"Export_Output_8"

步骤八：使用"平均最近邻"工具分析山西省美丽乡村目的地的空间分布类型

1. 选择"地理处理"—"ArcToolBox"—"空间统计工具"—"分析模式"—"平均最近邻"。

2. "平均最近邻"对话框中，选择输入要素类为"Export_Output_8"、距离法为"EUCLIDEAN_DISTANCE"欧式距离—"确定"—"完成"（图 6-14）。

项目六
旅游目的地分析

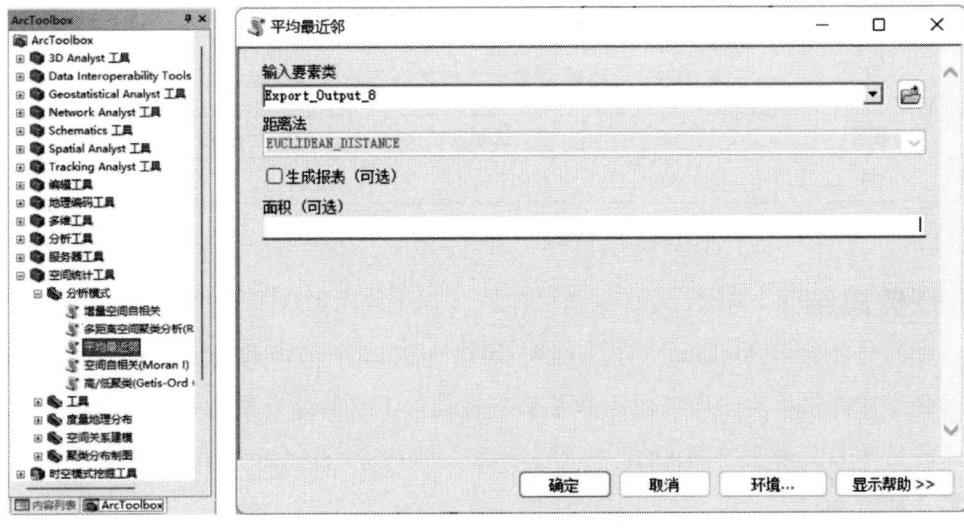

图 6-14 空间分布类型分析

3. 在"地理处理"—"结果"—左侧"结果"一栏中，选择打开报表文件查看结果，结果如图 6-15 所示。

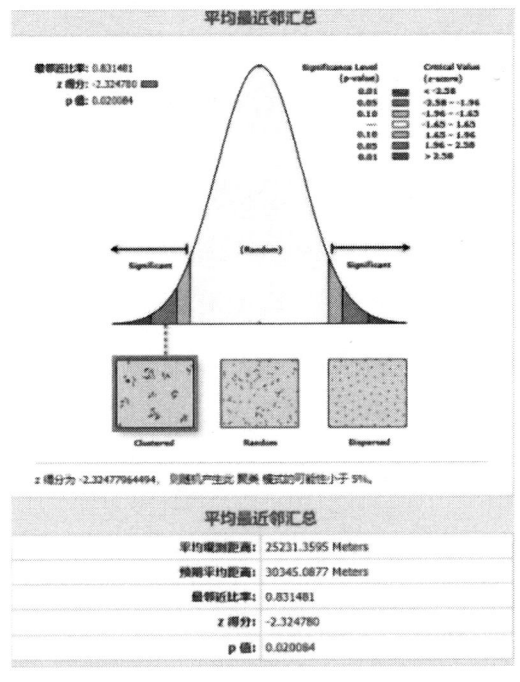

图 6-15 空间分布类型分析结果

最后，山西美丽乡村平均最近邻的分析结果如表 6-5 所示。

表 6-5　山西美丽乡村平均最近邻的分析结果

数量	P 值	Z 值	ANN	分布类型
53	0.020084	−2.324780	0.831481	聚集型

[任务总结]

本任务使用 ArcMap 工具，针对 2010—2022 年的山西美丽乡村进行了空间分布可视化展示，同时对山西美丽乡村进行了空间分布类型的分析。通过本任务的学习，学生了解 OGC 的划分标准、空间分析的相关知识，掌握空间分布分析的流程。

[任务实训]

1. 实训目的

掌握空间分布分析的方法、流程。

2. 实训要求

参照本任务案例，针对山西红色旅游景点进行空间分布分析。

3. 操作步骤

根据［任务实施］步骤完成山西红色旅游景点的空间分布分析，并提交设置过程和预测结果截图。

4. 自我评价

通过实训，进行自我评价，评价量表如表 6-6 所示。

表 6-6　评价量表

评价要素	评价标准		
	优秀	良好	合格
熟练掌握空间分布特征分析流程	能理解平均最近邻指数的含义，可高质高效地完成山西红色旅游景点的空间分布分析，并能提出新颖的想法	能高质高效地完成山西红色旅游景点的空间分布分析	基本能够完成山西红色旅游景点的空间分布分析，但需要进一步指导

项目七
旅游大数据政策与法律法规

项目概述

随着人类社会进入数字化时代,网络空间、物理世界和人类社会也开始实现深度融合。以"在线化、网络化、数字化、智能化"为特征的数字经济已经成为全世界各国战略发展的必然选择。旅游大数据的发展迎来新的机遇与挑战,旅游数据安全问题也越来越受到人们的重视,相关政策与法律法规值得我们学习与探讨,从而树立法治观念,养成自觉守法、遇事找法、解决问题靠法的思维习惯和行为方式,形成法治信仰,做社会主义法治的忠实崇尚者、自觉遵守者、坚定捍卫者。

旅游大数据分析

职业素养园地

当前,数字经济正在成为重组全球要素资源、重塑全球经济结构、改变全球竞争格局的关键力量。数据要素成了数字经济深化发展的核心引擎,数据安全也成为事关国家安全和经济社会发展的重大议题,同时,因为全球数据爆发增长、海量集聚,数据安全问题也日益突出。国家高度重视数据安全工作,加快推动构建治理体系,以筑牢安全基石。这就要求我们要在掌握专业知识的同时培养法治观念,自觉树立学法、遵法、守法、用法意识,并形成法治信仰,做社会主义法治的忠实崇尚者、自觉遵守者、坚定捍卫者。

思维导图

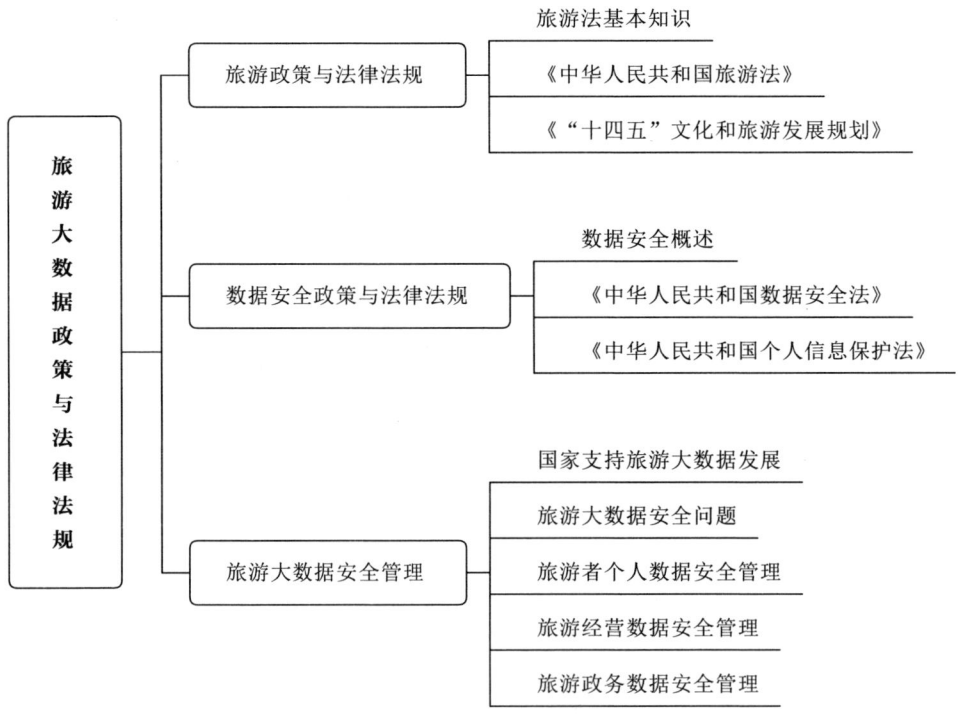

项目七 旅游大数据政策与法律法规

任务 1 旅游政策与法律法规

[任务描述]

学习旅游政策与法律法规相关知识，对案例进行分析，并给出处理建议。

[任务目标]

- 了解旅游法基本知识。
- 知道《中华人民共和国旅游法》立法背景、目的等。
- 熟悉旅游业发展的主要制度。
- 了解"十四五"文化和旅游发展规划的发展目标和重要举措。
- 培养法治观念，形成法治信仰，做社会主义法治的忠实崇尚者、自觉遵守者、坚定捍卫者。

[知识准备]

一、旅游法基本知识

（一）旅游法的概念

旅游法有广义和狭义之分。

广义的旅游法，是指由国家制定或认可的调整旅游活动中所产生的各种社会关系的法律、法规、规章的总称，它是一个法律规范体系。就我国而言，广义的旅游法应当包括：全国人民代表大会制定的旅游法律；国务院制定的旅游行政法规；国家旅游行政主管部门制定的部门规章；地方旅游法规及我国政府缔结、承认的国际旅游公约和规章等。

狭义的旅游法，指调整游览、度假、休闲等形式的旅游活动及为旅游活动提供相关服务中发生的权利义务关系的基本法。它是旅游基本法，是规定一个国家发展旅游事业的根本宗旨、根本原则和旅游活动各主体根本权利义务关系的法律，即《中华人民共和国旅游法》（以下简称《旅游法》）。

（二）旅游法的调整对象

旅游法的调整对象是旅游活动领域内的各种社会关系，主要有以下几种。

1. 国家旅游行政管理机关与旅游经营者之间的关系

这是一种纵向法律关系。国家旅游行政管理机关除了制定和贯彻旅游业发展的方针、政策之外，对旅游经营者的经营活动也负有监督、管理的责任，它同旅游经营者之间的关系主要表现为领导与被领导、管理与被管理、监督与被监督的关系。前者主要表现为权力的行使，后者主要表现为义务的履行，双方的主体地位不是平等的。

2. 旅游者与旅游经营者之间、旅游经营者与相关部门之间、旅游经营者相互之间的关系

这是一种横向的法律关系，参与法律关系各主体之间的法律地位是平等的，主体间的关系一般应以合同的形式加以确立，各主体在履行义务的同时享有相应的权利，或者说，在享有权利的同时，承担相应的义务。因此，各主体在参与旅游活动时，相互之间应当遵循自愿、平等、公平和诚实守信的原则。

3. 旅游企业内部的关系

这是一种综合的法律关系，既有横向的，也有纵向的。包括企业决策机构与执行机构之间的关系，执行机构相互之间的关系，监督机构与其他机构之间的关系，职工和企业之间的关系等。

4. 具有涉外因素的法律关系

这种法律关系主要包括外国旅游经营者、旅游者在中国的法律地位，中国旅游经营者与外国旅游经营者之间的关系，中外合资、合作旅游企业中的中外各方合作经营关系，外商独资旅游企业与中国政府之间的关系等。这些法律关系除了涉及我国政府参加的国旅公约及国际惯例以外，都应由我国法律进行调整。

（三）旅游法的作用

旅游法对促进各国和国际旅游活动及旅游业的发展发挥重要的作用，概括起来主要有以下几方面。

1. 对旅游事业的发展进行宏观调控，促进社会的和谐发展

国家通过制定旅游法律法规，确定旅游业发展的基本原则、基本方针和产业政策，对旅游业进行有效的宏观调控，把旅游业纳入整个社会和经济发展之中，使旅游业的发展能够起到促进社会和经济发展的作用。

2. 对旅游业经营进行宏观控制，保障旅游者权益

在旅游业的投资、企业设立、经营管理、信贷、税收等方面制定必要的法律法规，形成一个旅游法网。

3. 规定旅游各主体的权利义务责任，推动旅游业的健康发展

旅游法对各主体权利义务责任的规定主要有两个作用：一是划定它们的应为、可为和勿为，为其提供一个法律允许的活动范围；二是将这些规定作为一种衡量标准，判断各主体行为的合法性、有效性。在旅游活动领域中，凡属合法有效的行为，其主体都可在法律的保护下顺利实现其利益和目标。反之，凡属违法无效的行为，法律将不予保护，而且如果这种行为侵犯了其他主体的合法权益，法律还将给予必要的制裁。

4. 为旅游业的发展提供法律保障，创设良好的法律环境，把旅游业纳入法治轨道

旅游法明确规定了各主体的权利、义务、责任和行为规范，对旅游活动中的各种社会关系起到了恰当合理的调整作用，维护了旅游业发展的正常秩序，为旅游业的发展奠定了法律基础。

5. 产生了新的部门法，丰富了国家的法律体系

旅游立法建立起来的法律规范在事实上形成了一个相对独立的法律部门。在国际法分支上，也逐渐形成了一个发展中的新分支——国际旅游法，从而使法律体系得以丰富和发展。

二、《中华人民共和国旅游法》

(一)《旅游法》立法背景

《旅游法》是改革开放初期启动的立法项目之一,曾列入第七届全国人民代表大会常务委员会立法计划和国务院立法计划。

1982年,国家旅游局曾着手起草旅游法;1988年,七届全国人大常委会将旅游法列入立法规划;1991年国务院有关部门起草出旅游法草案。从第八届全国人民代表大会一次会议至第十一届全国人民代表大会五次会议,共有1400多名代表和3个代表团提交48件议案,建议制定《旅游法》。

2009年12月,全国人民代表大会财经委员会牵头组织国家发展和改革委员会、国家旅游局等23个部委和有关专家成立《旅游法》起草组,启动《旅游法》的起草工作。《旅游法》起草组历时2年多,先后举行5次全体会议,到十几个省(区、市)调研考察,召开了数十次座谈会,深入研究国内外旅游业发展和旅游立法的情况和经验,共形成三个阶段性草案文本和数十个修改稿并多次听取意见。

2012年3月14日,全国人民代表大会财经委员会第六十四次全体会议审议并通过《旅游法(草案)》,于同年8月27日提请十一届全国人大常委会第二十八次会议初次审议。2012年年底,十一届全国人大常委会第三十次会议对旅游法草案进行了第二次审议。草案二审稿充分吸收了初审中常委会组成人员的意见及社会各方面的建议,进一步完善了公益性文化场馆开放、旅游资源保护、游客合法权益维护等方面的内容。据统计,截至2011年年底,全国各类旅游景区景点达到两万多处,旅行社达到两万多个,星级饭店达到一万多家,旅游直接从业人员超过1300万人,国内旅游人数超过26亿人次,接待入境旅游超过1.35亿人次,公民出境旅游超过7000万人次,国内旅游市场规模居全球第一位,接待入境旅游人数和公民出境旅游消费居全球第三位。

2013年4月25日下午,在充分吸收一审、二审、三审及社会各方面意见和建议的基础上,十二届全国人大常委会第二次会议以150票赞成、5票弃权表决通过了《旅游法》,该法于同年10月1日生效。

项目七 旅游大数据政策与法律法规

2016年11月7日，国家主席习近平签署中华人民共和国主席令（第57号），公布了十二届全国人大常委会第二十四次会议于同日通过并生效的对《旅游法》关于领队的规定作出的修改。

（二）《旅游法》立法目的

立法目的，是指制定法律所要达到的目标。立法目的作为法律存在的原因贯穿于法律条文始终，并指引法律的适用。一部法律中每一条文都应当围绕该法律的立法目的展开，并为实现立法目的服务。我国《旅游法》的立法目的如下。

1. 保障旅游者和旅游经营者的合法权益，规范旅游市场秩序

目前，我国旅游市场的经营规则还不健全，竞争秩序还不够规范，旅游者的合法权益受到损害的情况时有发生，产生的恶劣影响在社会上引起很大反响，迫切需要以法律的形式做出规范。通过立法明确旅游行业的经营规范，切实维护旅游者的合法权益，创造旅游业发展的良好法制环境。不规范的旅游竞争也会给旅游经营者的正当经营带来严重冲击，甚至出现了"守法者吃亏"的错误认识。为实现旅游业的健康持续发展，也急需通过规范旅游市场秩序来维护旅游经营者的合法权益。

2. 保护和合理利用旅游资源

旅游业是凭借资源和设施为旅游者提供相关服务的产业。旅游资源的开发利用是把这些资源建设成为可供人们游览、参观、疗养、娱乐的风景区或者旅游地。旅游资源是旅游者进行旅游活动的基础和前提条件。从某种意义上来说，旅游资源具有不可替代性。因此，保护旅游资源是旅游开发利用的前提，合理利用是实现资源保护的有效途径。旅游法的立法目的就是在强调有效保护旅游资源的前提下，依法合理利用旅游资源，实现保护和合理利用旅游资源的有机统一。

3. 促进旅游业的持续健康发展

旅游业涉及的领域广、产业带动性强、资源消耗低、综合效益好。发展旅游业，可以有效拉动居民消费和社会投资，优化产业结构，扩大劳动就业，增加居民收入，推动科学发展，促进社会和谐。为此，旅游法的立法目的就是促进旅游业持续健康发展，充分发挥旅游业对经济建设、文化建设、社会建设、生态文明建设的综合推动作用。

与其他产业不同，旅游产业不是一个单一产业，而是一个产业群，由多种产业组成，具有多样性和分散性，涉及的领域广、产业带动力强、创造就业多、资源消耗低、综合效益好，发展旅游业，可以有效拉动居民消费和社会投资，优化产业结构，扩大劳动就业，增加居民收入，推动科学发展，促进社会和谐。制定旅游法，是促进旅游业持续健康发展，充分发挥旅游业对经济建设、文化建设、社会建设、生态文明建设的综合推动作用的需要。

（三）旅游业发展的主要制度

1. 旅游综合协调管理制度

《旅游法》第七条规定，国务院建立健全旅游综合协调机制，对旅游业发展进行综合协调。县级以上地方人民政府应当加强对旅游工作的组织和领导，明确相关部门或者机构，对本行政区域的旅游业发展和监督管理进行统筹协调。该制度的内容包括：国务院建立健全旅游综合协调机制，确立地方政府统筹协调旅游业发展和管理的职能，建立健全旅游市场综合监管机制，整合投诉受理机构、投诉受理部门间转办、处理结果告知的旅游投诉统一受理制度。

2. 旅游者权益保护制度

该制度的内容包括：设旅游者专章，规定旅游者的权利、义务和权利保障措施；对政府旅游公共服务及基础设施建设提出明确要求；对旅游经营者及其从业人员设定较为严格的行为规范和义务；在遵循《消费者权益保护法》和《合同法》一般性原则的基础上，根据旅游活动的特点，规定针对性强的、特殊的旅游者的权利及其救助途径。

3. 旅游促进和公共服务制度

为满足日益增长的旅游消费需求，提高旅游服务质量，《旅游法》规定了旅游促进和公共服务制度。该制度的内容包括：对各级政府安排资金提出要求，并明确了资金用途；规定政府将旅游业发展纳入国民经济和社会发展规划，制定有利于旅游业持续健康发展的产业扶持政策；完善旅游基础设施建设；政府无偿向旅游者提供旅游景区、线路、交通、气象、住宿等必要的信息

项目七 旅游大数据政策与法律法规

和咨询服务；建立统一的旅游形象宣传推广；鼓励和支持发展旅游职业教育和培训。

4. 资源保护和旅游利用制度

资源通过旅游开发成为旅游资源，但资源的合理利用十分重要。为此，《旅游法》规定了资源保护和旅游利用制度。该制度的内容包括：规定编制完整的规划体系，明确编制主体和内容；明确旅游规划与其他规划的关系；规定旅游资源事前、事中、事后保护利用的制度，资源的旅游利用的原则；规定景区流量控制制度，完善景区门票价格制度。

5. 旅游服务合同制度

《旅游法》确立了旅游服务合同制度。该制度的内容包括：规范了旅游服务合同的类别、内容、形式；规范了旅游经营者与旅游者的合同权利与义务；规定特殊情况下对旅游者保护的规则，诸如告知、说明义务，协助返程义务，无正当理由不得拒绝旅游者替换的义务，规定时间内无条件退货、退费的义务等；规范了特殊的责任承担，包括旅行社与旅游者之间，诸如采取安全措施费用的合理分担，滞留安置返程费用的分担，自行安排活动期间的责任承担，旅游者自身原因导致责任的承担，委托社和代理社之间、组团社和地接社之间、旅行社和旅行辅助人之间的特殊责任的承担；规定了特殊的合同变更、解除制度，诸如不能成团的特殊处理、单方解除合同、旅游者的任意解除合同权、旅行社的法定解除合同权、因不可抗力等影响行程的处理等。

6. 规范旅游市场、提高服务质量制度

《旅游法》第六条规定了规范旅游市场、提高服务质量制度。该制度的主要内容包括：在平衡旅游者与旅游经营者权益的基础上，设立相关民事法律规范，规范旅游经营者的经营行为；对旅游行业全链条重点领域的经营行为进行规范；规范旅游综合监管机制；明确旅游行业组织的自律规范。

7. 旅游安全保障制度

安全是旅游业的生命线。《旅游法》专章规定了旅游安全要求，设立了旅游安全保障制度。该制度的主要内容包括：明确包括政府统一负责、部门依法履职，旅游经营者主体责任，旅游者的自我保护义务的主体责任制度；规定旅游安全的全程责任制度,诸如政府风险提示、流量控制、旅游经营者安全评估、警示义务说明、高风险旅游项目许可、责任保险购买和提示旅游者意外保险购买、旅游者掌握相关信息和告知相关信息的事前预防,政府安全监管和救助、旅游经营者的报告和救助、旅游者遵守安全规定的义务、事中管理,政府、旅游经营者的事后处置,旅游者的配合和依法承担费用的义务。

三、《"十四五"文化和旅游发展规划》

为贯彻落实《中华人民共和国国民经济和社会发展第十四个五年规划和2035年远景目标纲要》和国家"十四五"文化改革发展规划,加快推进文化和旅游发展,建设社会主义文化强国,编制《"十四五"文化和旅游发展规划》(以下简称《规划》)。

"十四五"时期文化和旅游发展面临重大机遇,也面临诸多挑战,需要我们胸怀中华民族伟大复兴战略全局和世界百年未有之大变局,深刻把握我国社会主要矛盾变化,立足社会主义初级阶段基本国情,准确识变、科学应变、主动求变,在危机中育先机、于变局中开新局,以创新发展催生新动能,以深化改革激发新活力,奋力开创文化和旅游发展新局面。

(一)发展目标

到2025年,我国社会主义文化强国建设取得重大进展。文化事业、文化产业和旅游业高质量发展的体制机制更加完善,治理效能显著提升,人民精神文化生活日益丰富,中华文化影响力进一步提升,中华民族凝聚力进一步增强,文化铸魂、文化赋能和旅游为民、旅游带动作用全面凸显,文化事业、文化产业和旅游业成为经济社会发展和综合国力竞争的强大动力和重要支撑。

社会文明促进和提升工程成效显著,社会主义核心价值观深入人心,中华优秀传统文化、革命文化、社会主义先进文化广为弘扬,国民素质和社会文明程度不断提高。

新时代艺术创作体系建立健全,社会主义文艺繁荣发展,推出一批讴歌新时代、反映新成就、代表国家文化形象的优秀舞台艺术作品和美术作品。

文化遗产保护传承利用体系不断完善,文物、非物质文化遗产和古籍实现系统性保护，文化遗产传承利用水平不断提高，全国重点文物保护单位"四有"工作完成率达到100%，建设30个国家级文化生态保护区和20个国家级非物质文化遗产馆。

公共文化服务体系更加健全，基本公共文化服务标准化、均等化水平显著提高，服务效能进一步提升，全国各类文化设施数量（公共图书馆、文化馆站、美术馆、博物馆、艺术演出场所）达到7.7万，文化设施年服务人次达到48亿。

文化产业体系更加健全，文化产业结构布局不断优化，文化及相关产业增加值占GDP比重不断提高，文化产业对国民经济增长的支撑和带动作用得到充分发挥。

旅游业体系更加健全，旅游业对国民经济综合贡献度不断提高，大众旅游深入发展，旅游及相关产业增加值占GDP比重不断提高，国内旅游和入境旅游人次稳步增长，出境旅游健康规范发展。

文化和旅游市场体系日益完备，文化和旅游市场繁荣有序，市场在文化和旅游资源配置中的作用得到更好发挥，市场监管能力不断提升。

对外和对港澳台文化交流和旅游推广体系更加成熟，中华文化走出去步伐加快，培育形成一批文化交流和旅游推广品牌项目，海外中国文化中心总数达到55个。

展望2035年，我国建成社会主义文化强国，国民素质和社会文明程度达到新高度，国家文化软实力显著增强。文化事业更加繁荣，文化产业和旅游业的整体实力和竞争力大幅提升，优秀文艺作品、优秀文化产品和优质旅游产品充分满足人民群众美好生活需要，文化和旅游发展为实现人的全面发展、全体人民共同富裕提供坚强有力的保障。

（二）重要举措

《规划》提出，要坚持正确方向、坚持以人民为中心、坚持创新驱动、坚持深化改革开放、坚持融合发展，大力实施社会文明促进和提升工程，加快建设新时代艺术创作体系、文化遗产保护传承利用体系、现代公共文化服务体系、现代文化产业体系、现代旅游业体系、现代文化和旅游市场体系、对外和对港澳台文化交流和旅游推广体系，提高文化和旅游发展的科技支撑水平，优化文化和旅游发展布局。力争到 2025 年，我国社会主义文化强国建设取得重大进展，文化事业、文化产业和旅游业高质量发展的体制机制更加完善，人民精神文化生活日益丰富，中华文化影响力进一步提升，中华民族凝聚力进一步增强，文化事业、文化产业和旅游业成为经济社会发展和综合国力竞争的强大动力和重要支撑。《规划》坚持引领性与可操作性相结合，着眼于补短板、强弱项、增后劲，设计了 62 个重点工程项目作为《规划》实施的重要支撑。

[任务实施]

步骤一：阅读案例

步骤二：查阅相关资料

步骤三：进行案例分析

步骤四：给出处理建议

任务实施 7-1：
案例分析 1

[任务总结]

本任务通过运用所学法律知识、查找资料，对案例进行分析，给出处理建议。通过本任务的学习，学生了解旅游法基本知识，知道《中华人民共和国旅游法》立法背景、框架、目的、适用范围等，根据所学法律知识，查找资料，进行案例分析，给出处理建议。

[任务实训]

1. 实训目的

了解旅游相关法律法规，能够结合相关资料，对旅游违法案例进行分析，并给出处理建议。

2. 实训要求

参照本节课案例，对下面的案例进行分析，并给出处理建议。

今年春天，市民刘先生一家三口参加某旅行社组织的曲阜、泰山三日游。行程最后一天为登泰山看日出，登山前导游将注意事项和集合时间告知全团游客。大约过了五个小时到了集合时间,刘先生一家没有按时到达集合地点。此时正好降雨,全团游客都在大巴车里焦急等待刘先生一家。导游也多次拨打刘先生电话,刘先生回应正在下山,但始终没有见到人,此时距离集合时间已经过去了两个小时。由于原定游览完泰山就要返程,最后在全团客人的要求下导游再次联系刘先生后便让司机开车返程。刘先生下山时,发现大巴车和全团游客已经离开。回来后便投诉旅行社,要求承担一家损失的十倍补偿,即5000元。

3. 操作步骤

阅读案例、查阅相关资料、进行案例分析、给出处理建议。

4. 自我评价

通过实训,进行自我评价,评价量表如表7-1所示。

表7-1 评价量表

评价要素	评价标准		
	优秀	良好	合格
	能高质与高效地完成案例分析,分析全面,熟悉其中律法,并能进行总结	能高质与高效地完成案例分析,分析较为全面,熟悉其中律法	基本能够完成案例分析,但对结果不够理解
案例分析	《民法通则》第十一条规定"十八周岁以上的公民是成年人,具有完全民事行为能力,可以独立进行民事活动,是完全民事行为能力人。"作为成年人旅行社事先告知集合时间和地点,因自身原因未履行的旅行社是不需要承担责任的。《旅游法》第十四条规定"旅游者在旅游活动中或者在解决纠纷时,不得损害当地居民的合法权益,不得干扰他人的旅游活动,不得损害旅游经营者和旅游从业人员的合法权益"。旅游合同不仅需要旅行社完全履行,同样也需要旅游者配合履行,双方是互负义务的。本案中,刘先生未按照约定时间集合,属于违约在先,因此旅行社为防止影响其他同行游客的权益,造成更大损失,没有继续等待刘先生的处置不违反法律法规。因此,旅游合同履行过程中双方都应依法按约定履行自身义务,履行过程中旅游者要配合好旅行社的行程安排,认真履行合同中的自身义务,不能只顾自己而损害旅游经营者或其他旅游者的合法权益,在权益受损时要选择理性维权,依法适度,不能过度维权		
处理建议	快速且正确给出处理结果,并能进行总结	正确给出处理结果	处理结果基本正确
	旅行社导游在登山前已经履行了告知义务,明确告知集合时间和地点,刘先生因自身原因没有按时集合,旅行社也无其他违规和违约情节。旅游质监部门向刘先生解释和说明相关法律法规后,刘先生表示理解和接受,不再要求赔偿		

 旅游大数据分析

任务 2　数据安全政策与法律法规

[任务描述]

学习数据政策与法律法规相关知识，对案例进行分析，并给出处理建议。

[任务目标]

- 了解数据安全的含义、特点。
- 了解威胁数据安全的因素及数据安全保护措施。
- 了解《数据安全法》立法背景、意义及主要内容。
- 了解《个人信息保护法》立法背景、意义及主要内容。
- 培育法治观念，鼓励学生探究、讨论，提高价值辨析能力。

[知识准备]

一、数据安全概述

（一）数据安全的含义

2021年6月10日，第十三届全国人民代表大会常务委员会第二十九次会议通过《中华人民共和国数据安全法》，自2021年9月1日起施行。《数据安全法》对数据安全给出了明确定义。

《数据安全法》中第三条，给出了数据安全的定义，指通过采取必要措施，确保数据处于有效保护和合法利用的状态，以及具备保障持续安全状态的能力。要保证数据处理的全过程安全，数据处理，包括数据的收集、存储、使用、加工、传输、提供、公开等。

（二）数据安全的特点

1. 完整性

数据完整性是信息安全的三个基本要点之一，是数据安全的核心，是指数据未经授权不得进行修改，确保数据在存储和传输过程中不被篡改、破坏、盗用、丢失。数据的完整性需要在加密的基础上，运用多种方案和技术来实现。

2. 保密性

保密性，又称机密性，是指对数据进行加密，只有授权者方可使用，并保证数据在流通环节不被窃取。在互联网领域，许多软件包括邮件软件、网络浏览器等，都有保密性相关的设定，用以维护用户资讯的保密性，数据的保密性包括网络传输保密和数据存储保密。

3. 可用性

数据的可用性是指经授权的合法用户必须得到系统和网络提供的正常服务。不可因为害怕数据泄露而拒合法使用者于千里之外。数据安全必须为合法使用者提供便捷的服务。

（三）威胁数据安全的因素

在数据的收集、处理、存储、传输和分发中经常会存在一些问题，威胁着数据的安全，致使系统失效、数据丢失或遭到破坏等。威胁数据安全的因素有很多，常见的有黑客入侵、人为操作错误、硬盘驱动器损坏、病毒入侵、电源故障、磁干扰、自然灾害等。

（四）数据安全防护

数据安全防护要"以数据为中心""以技术为支撑""以管理为手段"，围绕数据采集、传输、存储、应用、共享、销毁等全过程，构建安全防护体系，实现数据安全防护的闭环管理。

1. 大数据采集安全

要保证大数据采集安全，就要明确数据采集的目的及用途，采集方式和方法，采集数据的格式等，遵循合规原则，确保数据采集的合法性、正当性和必要性，设置专人负责信息生产或提供者的数据审核和采集工作，确保采集过程中的个人信息和重要数据不会泄露。

2. 大数据存储及传输安全

不断研发数据加密技术，通过该技术保障数据的机密性和完整性。在数据传输环节，可直接对数据进行加密，以密文形式传输，也可建立不同安全域间的加密传输链路，保障传输过程安全。数据存储过程中，可采取磁盘加密、数据加密、HDFS 加密等技术保障存储安全，也可改变数据存储方式，变数据集中存储为分布式存储，提升数据安全性。

3. 数据应用安全

在数据使用过程中，要注意数据分布式处理安全、数据分析安全、数据加密处理、数据脱敏处理及数据溯源等。在数据分发过程中，要注意数据传输安全、数据访问控制、数据脱敏处理等。为此，除采取入侵监测、防火墙、漏洞扫描、防病毒、防 DDos 等安全防护措施外，还可对账号进行统一管理，加强数据安全域管理，使原始数据不离开数据安全域，从而有效防范内部人员盗取数据。

4. 数据共享及销毁

在数据共享时，除了应遵循相关管理制度，还应与安全域结合起来，在满足业务需求的同时，有效管理数据共享行为，确保信息的保密性、完整性、可用性和抗抵赖性。在数据销毁过程中，可通过软件或物理方式操作，保证磁盘中存储的数据永久删除、不可恢复，如要删除元数据、原始数据及副本，则应断开与外部的实时数据流链接等。

二、《中华人民共和国数据安全法》

（一）立法背景

当前，数据已成为重要的生产要素，大数据产业作为以数据生成、采集、存储、加工、分析、服务为主的战略性新兴产业，是激活数据要素潜能的关键支撑，是加快经济社会发展质量变革、效率变革、动力变革的重要引擎。欧盟、美国等世界各国先后通过立法开展了数据空间的构建，对数据要素掌控和利用能力已成为衡量国家竞争力的核心要素。大数据发展日新月异，我们应该审时度势、精心谋划、超前布局、力争主动。

就我国而言，从数字经济战略来看，数据为关键要素，是推进经济数字化作为实现创新发展的重要动能，需加快构建自主可控的大数据产业链、价值链和生态系统；从安全问题来看，个人隐私泄露、非法数据交易、商业机密窃取事件时有发生，缺乏监管力度，重要数据的保障需要依托总体国家安全观；从政务开放需求来看，充分利用政务数据资源，提高国家社会治理水平，实现公共服务高效化，争取"让百姓少跑腿、数据多跑路"，为此亟须确保开放共享阶段安全。

数据是国家基础性战略资源，没有数据安全就没有国家安全。2015年《国家安全法》第25条明确提出"实现网络和信息核心技术、关键基础设施和重要领域信息系统及数据的安全可控"，2017年《网络安全法》将数据安全纳入网络安全范畴，2018年《数据安全法》《个人信息保护法》纳入人大常委会立法规划，2019年国家互联网信息办公室相继发布多部《网络安全法》体系的下位配套文件，2020年《民法典》明确个人信息、数据、网络虚拟财产等属于合法权益，2020年7月3日《数据安全法（草案）》正式向社会公开征求意见。2021年6月10日第十三届全国人民代表大会常务委员会第二十九次会议通过《数据安全法》，自2021年9月1日起施行。

（二）立法意义

（1）对数据的有效监管实现了有法可依，填补了数据安全保护立法的空白，完善了网络空间安全治理的法律体系。

（2）该法律对数据的概念做出了明确的规定，对数据安全保障的范围提出了更广泛的要求，扩大了数据保护范围。

（3）以法律的形式规定维护数据安全，应当坚持总体国家安全观，建立健全数据安全治理体系，提升了国家数据安全保障能力。

（4）该法律的发布，标志着国家鼓励数据依法合理有效利用，保障数据依法有序自由流动，激活数字经济创新，提升数据利用价值，促进以数据为关键要素的数字经济发展。

（5）该法律坚持安全与发展并重的原则，明确国家坚持"维护数据安全"与"促进数据开发利用"并重的立法与监管理念，从数据安全制度建设层面保障数据安全，进一步迭代和促进数据产业的健康发展，建立健全数据安全标准化体系，支持数据安全评估和认证服务的发展，鼓励数据产业发展和商业利用。

（三）法律解读

1. 明确将数据安全上升到国家安全范畴

《数据安全法》第四条明确规定"维护数据安全，应当坚持总体国家安全观"，并将"维护国家主权、安全和发展利益"写入本法的立法目的条款中。《数据安全法》从数据全场景构建数据全监管体系，明确行业主管部门对本行业、本领域的数据安全监管职责，指出公安机关、国家安全机关等依照本法和有关法律、行政法规的规定，在各自职责范围内承担数据安全监管职责，对数据安全违法行为赋予多项处罚说明，监管细节有待进一步的规定。

2. 坚持以数据开发利用和产业发展促进数据安全

《数据安全法》鼓励数据依法合理有效利用，保障数据依法有序自由流动，促进以数据为关键要素的数字经济发展，增进人民福祉。我国坚持维护数据安全与促进数据开发利用并重，互相促进。

3. 加大政务数据开放共享中的安全机制

《数据安全法》针对政务数据开发利用做出了明确的指示，要求省级以上人民政府应当将数字经济发展纳入本级国民经济和社会发展规划，加强数据开放共享的安全保障措施，建立统一规范、互联互通、安全可控的机制，利用数据安全运营，提升数据服务对经济社会稳定发展的效果。

4. 数据安全监管制约

《数据安全法》明确了数据管理者和运营者的数据保护责任，指明了数据保护的工作方向，对整个信息安全产业都带来了积极的影响，全面消除数据管理者和运营者在数据安全建设中的盲区，数据安全建设有法可依，数据安全事故造成的损失有法可惩，这对促进经济社会信息化健康发展，保护公民、组织的合法权益具有非常大的价值。

5. 加大违法处罚力度

《数据安全法》对数据安全违法行为赋予了多项处罚说明，对违反国家核心数据管理制度，危害国家主权、安全和发展利益的，由有关主管部门处二百万元以上一千万元以下罚款，并根据情况责令暂停相关业务、停业整顿、吊销相关业务许可证或者吊销营业执照；构成犯罪的，依法追究刑事责任。

三、《中华人民共和国个人信息保护法》

2021年8月20日第十三届全国人民代表大会常务委员会第三十次会议通过《中华人民共和国个人信息保护法》，自2021年11月1日起施行。

（一）立法背景

1. 技术的发展

随着移动互联网的发展，"数字社会"的进程进一步加快。当今社会，"数字化"是技术的重要一环。随着5G的全面铺开，我们在技术层面上才有可能对海量的描述事物的数据进行收集、分析，并最终运用相关数据分析的结果实现"预测"。在此背景下，不可避免地，我们每一个人的行为信息（如点外卖、逛公园等）、身份信息（身份证号、驾驶证号、毕业院校等）等个人信息都会被收集、整理成数据并被分析。在商业领域，各类推荐榜单、猜你喜欢等都是根据收集的数据对我们的喜好进行预测的结果。在公共治理领域，如疫情期间的行程码、健康宝等也是依托相关的行为信息产生的结果，但是也存在一些负面的应用，比如"人肉搜索""网络暴力""消费歧视"等。因此，个人信息保护法的出台，就是在技术进步的基础上，对于收集、使用、分析我们个人信息的行为进行规范，保证我们每个人的个人信息不被滥用、盗用，让我们能更好地享受技术进步的福利，而不是被掌握技术的人或平台压迫。

2. 社会的需要

现在世界各国对于信息、数据都极为重视，甚至有些人直接认为，数据就是21世纪的石油，谁掌握数据谁就掌握了强国密码。党的十九大报告认为，数据是社会生产要素，极大地提高了数据的地位，使其与劳动力、资本、土地等平起平坐。包括后来深圳出台的数据条例及上海正在制定的数据条例，都凸显出了数据在社会生活中的重要性。在此背景下，对于此要素的规制就成了社会发展的必然选择和需要。所以，长远来看，个人信息保护法是十分基础的一部法律，对未来有着深远的影响。

3. 法律成文时机的成熟

最早在 2003 年，社科院周汉华老师就向当时的国务院信息化办公室提出应制定我国的个人数据保护法，但是由于我国的立法资源比较有限，当时还有诸多更加紧要、基础的法律要出台，因此个人数据保护法的制定就被拖了下来。

到 2009 年刑法修正案（七）出台的时候，刑法第 253 条就增加了一条侵犯公民个人信息罪，主要就是为了打击当时气焰嚣张的电信诈骗，这可以说首次对于侵害公民个人信息有了明确的法律规范。

2012 年，全国人大常委会下发了一个关于加强网络信息保护的决定，2013 年《消费者保护法》修订的时候也要求商家不得随意泄露消费者的个人信息等。

2014 年国家网信办成立，2016 年出台了《中华人民共和国网络安全法》，这是一个很重要的里程碑的事件，该法提到了要加强对个人信息的保护。

2018 年制定了《电子商务法》，该法也明确提出对于电商消费者的个人信息要如何去进行保护。

2020 年《民法典》正式颁行，把个人信息和隐私权放在人格权编中统一规定，强调了个人信息受保护是每个公民必须享有的权利。

可以看出，在个人信息保护法出台前，我国个人信息保护大致经历了刑法先行、行政领域多管齐下、民法补齐这三个阶段，经过前面的铺垫，出台个人信息保护法已经水到渠成。

（二）立法意义

《个人信息保护法》的制定、出台具有十分重要的意义，不仅能强化自然人个人信息权益保护的现实需求，也是营造数字经济发展营商环境的重要举措和顺应国际个人信息保护发展趋势的必然选择。

1. 维护公民个人信息合法权益的现实需求

长期以来，我国互联网领域商业模式普遍采用"前端免费、后端获利"的模式，随着信息通信技术的发展演进，企业盈利模式也从在线广告向基于大数据的定向推送、精准营销转变，用户个人信息成为企业获利的核心价值源。虽然近年来我国有关部门不断加大个人信息的保护力度，但从实践情况来看，由于企业个人信息保护能力良莠不齐，用户个人信息收集使用的规则、范围等还存在一些有待明确的地方，通过制定专门的法律规则强化个人信息保护、切实回应用户权利侵害等问题已经刻不容缓。

2. 营造数字经济良好发展环境的重要举措

用户权益保护水平对数字经济发展环境具有重要影响，立法加强个人信息权益保护不仅是一项具有重大社会效益的益民举措，也是为数字经济持续健康发展营造公平竞争环境的重要保障。违法违规处理用户个人信息的行为不仅侵害了个人主体的切身利益，也严重扰乱了数字经济市场的秩序。因此，当务之急是要集中快速解决侵害用户权益、影响用户体验、阻碍使用服务、恶化行业生态等突出问题，破除行业发展的制约因素。通过建章立制，为个人信息处理活动画出底线、明确红线，明确监管部门的职责权限，降低各类市场主体个人信息保护合规成本，稳定市场预期，促进数字经济发展行稳致远。

3. 顺应国际发展趋势的普遍做法

据统计，截至 2021 年 11 月，全球已经有 128 个国家和地区通过立法保护个人信息和隐私，制定个人信息保护立法强化用户权益保护是全球数字经济发展背景下的大势所趋。从国际社会来看，高水平个人信息保护的国家和地区相对比较容易在数字经济发展国际合作中取得信任，也比较容易在数据跨境流动等关键议题上建立合作关系。例如，欧盟通过充分性认定不断扩大跨境数据流动的范围，美国推动建立 APEC 跨境隐私规则体系。个人信息保护水平对数字经济发展环境具有重要影响，我国在数字经济走向全球化的过程中，也需要以国内高水平、严要求的个人信息保护为基础，在数字经济发展国际合作中取得充分信任，达成国际合作，释放我国数据规模优势。

（三）主要内容

《个人信息保护法》共 8 章 74 条。在有关法律的基础上，该法进一步细化、完善个人信息保护应遵循的原则和个人信息处理规则，明确个人信息处理活动中的权利义务边界，规范处理活动保障权益，禁止"大数据杀熟"规范自

拓展知识：
数据安全相关法律法规

动化决策，严格保护敏感个人信息、规范国家机关处理活动，赋予个人充分权利，强化个人信息处理者义务，赋予大型网络平台特别义务，规范个人信息跨境流动，健全个人信息保护工作体制机制等。

[任务实施]

步骤一：阅读案例

步骤二：查阅相关资料

步骤三：进行案例分析

步骤四：给出处理建议

任务实施 7-2：
案例分析2

[任务总结]

本任务通过运用所学法律知识、查找资料，对案例进行分析，给出处理建议。通过本任务的学习，学生了解数据安全基本知识，知道数据安全相关政策与法律法规，尤其是《数据安全法》，对其内容进行解读，根据所学法律知识，查找资料，进行案例分析，给出处理建议。

[任务实训]

1. 实训目的

了解数据安全相关政策与法律法规，能够结合相关资料，对数据安全违法案例进行分析，并给出处理建议。

2. 实训要求

参照本节课案例，对下面的案例进行分析，并给出处理建议。

2022年7月26日，广州市公安局新闻办公室召开新闻发布会，通报2022年广州民生实事"个人信息超范围采集整治治理"专项工作和"净网2022"专项行动中，全链条打击侵犯公民个人信息等突出网络违法犯罪的相关情况和典型案例。会议公布了广东省公安机关首例适用《中华人民共和国数据安全法》的案件——某技术公司在开发一款App系统后，因未履行数据安全保护义务，导致该系统安全漏洞被不法分子利用，1000余万条公民个人信息面临泄露风险。

据通报,从 2021 年 10 月下旬开始,广州市某公司陆续收到投诉,有第三方人员冒充该公司工作人员,自称可以绕开该公司开发的"驾培平台"配套的车载终端打卡机制,让驾校学员不到现场练车就能在系统累积练车学时,从而达到监管部门对驾考练车的学时要求。广州警方经研判,挖出一作案团伙。该团伙通过技术手段非法破解"驾培平台"系统,将虚假的培训数据包发送至平台服务器,对学员的学时进行修改,以帮助学员快速完成培训。

该公司开发的"驾培平台"存储了驾校培训学员的姓名、身份证号、手机号、个人照片等信息 1070 万条,但该公司没有建立数据安全管理制度和操作规程,对采集到的个人信息未采取去标识化和加密措施,且系统存在未授权访问漏洞等严重数据安全隐患。

3. 操作步骤

阅读案例、查阅相关资料、进行案例分析、给出处理建议。

4. 自我评价

通过实训,进行自我评价,评价量表如表 7-2 所示。

表 7-2 评价量表

评价要素	评价标准		
	优秀	良好	合格
案例分析	能高质与高效地完成案例分析,分析全面,熟悉其中律法,并能进行总结	能高质与高效地完成案例分析,分析较为全面,熟悉其中律法	基本能够完成案例分析,但对结果不够理解
案例分析	《中华人民共和国数据安全法》第四十五条规定,开展数据处理活动的组织、个人不履行本法第二十七条、第二十九条、第三十条规定的数据安全保护义务的,由有关主管部门责令改正,给予警告,可以并处五万元以上五十万元以下罚款,对直接负责的主管人员和其他直接责任人员可以处一万元以上十万元以下罚款;拒不改正或者造成大量数据泄露等严重后果的,处五十万元以上二百万元以下罚款,并可以责令暂停相关业务、停业整顿、吊销相关业务许可证或者吊销营业执照,对直接负责的主管人员和其他直接责任人员处五万元以上二十万元以下罚款。违反国家核心数据管理制度,危害国家主权、安全和发展利益的,由有关主管部门处二百万元以上一千万元以下罚款,并根据情况责令暂停相关业务、停业整顿、吊销相关业务许可证或者吊销营业执照;构成犯罪的,依法追究刑事责任		
处理建议	快速且正确给出处理结果,并能进行总结	正确给出处理结果	处理结果基本正确
处理建议	根据《中华人民共和国数据安全法》的有关规定,广州警方对该公司未履行数据安全保护义务的违法行为,依法处以警告并处罚款人民币 5 万元的行政处罚		

 旅游大数据分析

任务 3 旅游大数据安全管理

[任务描述]

学习旅游大数据政策与法律法规相关知识，对案例进行分析，并给出处理建议。

[任务目标]

- 了解国家对旅游大数据发展的政策支持。
- 知道旅游行业大数据安全问题。
- 熟悉旅游者个人数据安全管理相关法律法规。
- 熟悉旅游经营数据安全管理相关法律法规。
- 熟悉旅游政务数据安全管理相关法律法规。
- 根据所学法律知识，查找资料，进行案例分析，给出处理建议。
- 坚持正面引导，养成自觉守法、遇事找法、解决问题靠法的思维习惯和行为方式。

[知识准备]

一、国家支持旅游大数据发展

数字化已经成为旅游业的发展方向之一，不同类型的数据出现了爆炸性增长，对这些数据如何加以科学、合理的利用，是旅游业高质量发展面临的重要课题。旅游业中大数据技术应用已经逐步走上正轨，体现为政策支持力度不断加大、市场规模不断增加、行业应用日益丰富。

（一）文化部关于推动数字文化产业创新发展的指导意见

2017年4月11日，文化部发布的《关于推动数字文化产业创新发展的指导意见》（以下简称《指导意见》）首次明确了数字文化产业的概念，即"数字文化产业是以文化创意内容为核心，依托数字技术进行创作、生产、传播和服务，呈现出技术更迭快、生产数字化、传播网络化和消费个性化等特点"。该《指导意见》共5个部分23条，分别从数字文化产业创新发展的总体要求、发展方向、重点领域、建立新生态体系、加大政策保障力度等方面对推动我国数字文化产业发展提出了相应的政策举措。这是在国家层面首个针对数字文化产业发展的宏观性、指导性政策文件，向社会发出了国家鼓励数字文化产业发展的明确信号，形成了推动数字文化产业创新发展的良好预期，按照社会效益优先、双效统一的要求引领数字文化产业发展方向。

《指导意见》指出，要引导数字文化产业发展方向，优化数字文化产业供给结构；深化"互联网+"，深度应用大数据、云计算、人工智能等科技创新成果，促进创新链和产业链有效对接。

（二）文化和旅游部关于推动数字文化产业高质量发展的意见

2020年11月18日，文化和旅游部发布了《关于推动数字文化产业高质量发展的意见》（以下简称《意见》）。《意见》以近年来党中央国务院就高质量发展、供给侧结构性改革、培育新业态新动能、扩内需促消费、完善要素市场、发展文化产业做出的系列部署为遵循，是国家层面关于数字文化产业发展的宏观性、指导性政策文件，与《文化部关于推动数字文化产业创新发展的指导意见》（文产发〔2017〕8号）相衔接，向社会和行业发出支持数字文化产业高质量发展的明确信号，引导产业发展方向，起到"稳预期""稳投资"作用。内容包括总体要求、夯实数字文化产业发展基础、培育数字文化产业新型业态、构建数字文化产业生态、保障措施等。

《意见》基本原则之一为数据驱动，科技支撑，指出落实国家文化大数据体系建设部署，共建共享文化产业数据管理服务体系，促进文化数据资源融通融合。把握科技发展趋势，集成运用新技术，创造更多产业科技创新成果，为高质量文化供给提供强有力支撑。

《意见》指出要夯实数字文化产业发展基础，加快新型基础设施建设，推动技术创新和应用，激发数据资源要素潜力。支持面向行业通用需求，建设数据中心、云平台等数字基础设施，完善文化产业"云、网、端"基础设施，打通"数字化采集—网络化传输—智能化计算"数字链条。鼓励数字文化企业参与企业级数字基础设施开放合作，完善文化产业领域人工智能应用所需基础数据、计算能力和模型算法，推动传统文化基础设施转型升级。支持5G、大数据、云计算、人工智能、物联网、区块链等在文化产业领域的集成应用和创新，建设一批文化产业数字化应用场景。支持文化企业升级信息系统，建设数据汇聚平台，推动全流程数据采集，形成完整贯通的数据链。支持上下游企业开放数据，引导和规范公共数据资源开放流动，打通传输应用堵点，提升数据流通共享商用水平。构建文化领域数据开发利用场景，建设可信数据流通环境，培育数据要素市场。推动文化大数据采集、存储、加工、分析和服务等环节产品的开发，发展数据驱动的新业态新模式，打造文化数据产品和服务体系。加强文化消费大数据分析运用，促进供需调配和精准对接。强化数据安全，构建文化数据安全责任体系，引导企业增强数据安全服务，提高数据规范性和安全性。

《意见》指出，要培育数字文化产业新型业态，推动产业链创新与应用，推动文化产业链与互联网、物联网深度融合，打造大数据支撑、网络化共享、智能化协作的智慧产业链体系。

（三）其他政策支持

2019年8月，《关于进一步激发文化和旅游消费潜力的意见》提出，指导各地建立文化和旅游消费数据监测体系，加强大数据技术应用，整合共享数据资源，加强趋势分析研判，为促进文化和旅游消费提供决策依据。

2020年2月，《旅游景区恢复开放疫情防控措施指南》提出，强化景区游览管理，鼓励景区积极利用大数据和智慧手段，做好游客信息动态监测。

2020年3月，《关于促进消费扩容提质加快形成强大国内市场的实施意见》提出，提升"智慧景区"服务水平，利用互联网、大数据、云计算、人工智能等新技术做好客流疏导和景区服务。

2020年11月,《关于深化"互联网+旅游"推动旅游业高质量发展的意见》在智慧旅游景区建设、旅游信息化基础设施、旅游公共服务、线上旅游营销、旅游创新创业及旅游数据安全等方面,对大数据技术的应用做出了明确要求。

二、旅游大数据安全问题

旅游大数据在全生命周期各阶段流转过程中,在数据采集汇聚、数据存储处理、数据共享使用等方面都面临安全挑战。

(一)大数据安全问题

1. 大数据采集汇聚安全

数据传输需要各种协议相互配合,有些协议缺乏专业的数据安全保护机制,数据源到大数据平台的数据传输可能给大数据带来安全风险。数据采集过程中存在的误差造成数据本身的失真和偏差,数据传输过程中的泄露、破坏或拦截会带来隐私泄露、谣言传播等安全管理失控的问题。因此,旅游大数据传输中信道安全、数据防破坏、数据防篡改和设备物理安全等几个方面都需要着重考虑。

2. 大数据存储处理安全

大数据平台采用新的处理范式和数据处理方式(MapReduce、列存储等),存储平台同时也是计算平台,采用分布式存储、分布式数据库、NewSQL、NoSQL、分布式并行计算、流式计算等技术,一个平台可以同时采用多种数据处理模式,完成多种业务处理,导致边界模糊,传统的安全防护方式难以奏效。

3. 大数据共享使用安全

(1)数据的保密问题

频繁的数据流转和交换使数据泄露不再是一次性的事件,众多非敏感的数据可以通过二次组合形成敏感的数据。大数据的聚合分析能形成更有价值的衍生数据,如何更好地在数据使用过程中对敏感数据进行加密、脱敏、管控、审查等,阻止外部攻击者采取数据窃密、数据挖掘、根据算法模型参数梯度分析对训练数据的特征进行逆向工程推导等攻击行为，避免隐私泄露，仍然是大数据环境下的巨大挑战。

（2）数据保护策略问题

大数据环境下，汇聚不同渠道、不同用途和不同重要级别的数据，通过大数据融合技术形成不同的数据产品，使大数据成为有价值的知识，发挥巨大作用。如何对这些数据进行保护，以支撑不同用途、不同重要级别、不同使用范围的数据充分共享、安全合规的使用，确保大数据环境下高并发多用户使用场景中数据不被泄露、不被非法使用，是大数据安全的又一个关键性问题。

（3）数据的权属问题

大数据场景下，数据的拥有者、管理者和使用者与传统的数据资产不同，传统的数据是属于组织和个人的，而大数据具有不同程度的社会性。一些敏感数据的所有权和使用权并没有被明确界定，很多基于大数据的分析都未考虑到其中涉及的隐私问题。在防止数据丢失、被盗取、被滥用和被破坏上存在一定的技术难度，传统的安全工具不再像以前那么有用。如何管控大数据环境下数据流转、权属关系、使用行为和追溯敏感数据资源流向，解决数据权属关系不清、数据越权使用等问题是一个巨大的挑战。

（二）旅游行业大数据安全问题

1. 大数据技术还不够成熟

随着旅游业的快速发展，大数据被广泛应用在旅游管理中，但是在具体的应用过程中仍然存在一些问题，其中一个重要问题就是现有的大数据技术还不够成熟。目前大数据的发展要远远落后于旅游行业的整体发展，在进行数据库信息存储和共享的过程中仍然存在许多不足，而且目前大数据技术的智能化水平也不够高，这些问题都会在一定程度上影响现代旅游管理工作的有效开展。

2. 信息安全保障技术不够先进

许多旅游企业在开展管理工作的过程中都会应用大数据，但是目前大数据的信息安全技术不够先进，在运营的过程中会出现隐私泄露的情况，用户的隐私被泄露会给用户的生活和工作造成较为严重的影响，因此需要加强信息安全保障技术，建立旅游大数据信息安全保障体系，这样才能保证旅游数据信息的安全性和稳定性。

3. 缺乏完善的安全规范体系

目前旅游行业缺乏完善的安全规范体系，并没有对每一个环节进行有效规范，缺乏对数据采集和共享的严格管理。部分相关工作人员对自身的工作职责并不明确，一些细小的问题叠加在一起将会影响现代旅游管理工作的高效开展。

三、旅游者个人数据安全管理

大数据时代，绝大部分生活场景都会涉及个人信息，如何做好隐私保护必须日日提及。明星的个人隐私已经形成售卖产业链条，普通旅游者的个人信息处置也不容乐观。例如，旅游者经常会收到各类旅游交通、旅游行程、旅游目的地等相关的诈骗短信，因此旅游者个人信息泄露等安全问题不容忽视。

但是目前旅游行业还没有专门的针对旅游者个人信息、数据安全管理的相关政策或法律法规，旅游者如遇到相关问题，须借助《旅游法》《在线旅游经营服务管理暂行规定》《中华人民共和国数据安全法》《中华人民共和国个人信息保护法》等法律法规来保护自己的合法权益。

四、旅游经营数据安全管理

2020年7月20日，《在线旅游经营服务管理暂行规定》（以下简称《规定》）经文化和旅游部部务会议审议通过，予以发布，自2020年10月1日起施行。《规定》共五章三十八条，包括总则、运营、监督检查、法律责任、附则五部分，是为保障旅游者合法权益、规范在线旅游市场秩序、促进在线旅游行业可持续发展，依据《中华人民共和国旅游法》《中华人民共和国消费者权益保护法》《中华人民共和国网络安全法》《中华人民共和国电子商务法》《旅行社条例》等相关法律、行政法规而制定的。

《规定》根据《旅游法》《消费者权益保护法》《网络安全法》《电子商务法》《旅行社条例》等法律、行政法规，结合在线旅游业的实际情形，针对近些年来在线旅游业发展中的突出问题，对在线旅游经营者、文化和旅游主管部门、旅游者都明确设定了相应的责任和义务。

（一）对在线旅游经营者的要求

《规定》字数不多，但是内容丰富，需要在线旅游经营者认真学习、认真对待。

例如，《规定》的第十一条："平台经营者应当对平台内经营者的身份、地址、联系方式、行政许可、质量标准等级、信用等级等信息进行真实性核验、登记，建立登记档案，并定期核验更新。"不同类型的经营者，应当具有不同的资质。就饭店而言，其提供餐饮服务应当具有《食品安全许可证》，其作为公共场所，应当具有《卫生许可证》；如提供娱乐服务，还应当具有《娱乐经营许可证》；提供住宿服务，还应当具有《消防许可证》《特种行业许可证》等。

第十二条提出了不得虚假宣传的要求，在线旅游经营者在从事宣传时，对于何谓虚假宣传，何谓真实、准确，应当根据《广告法》《互联网广告管理暂行办法》来确定。

第二十二条："平台经营者发现以下情况，应当立即采取必要的救助和处置措施，并依法及时向县级以上文化和旅游主管部门报告：（一）提供的旅游产品或者服务存在缺陷，危及旅游者人身、财产安全的；（二）经营服务过程中发生突发事件或者旅游安全事故的；（三）平台内经营者未经许可经营旅行社业务的；（四）出现法律、法规禁止交易的产品或者服务的；（五）其他应当报告的事项。"对于旅游产品或服务是否存在缺陷，缺陷是否危及旅游者人身、财产安全，法律、法规禁止交易的产品、服务有哪些等，这些信息、这些规定，都需要经营者结合相关法律、法规、规章、规范性文件进行学习。而且，随着形势的发展，前述法律、法规、规章、规范性文件的内容、标准，可能还会变化、调整。

对于这些要求，作为在线旅游经营者，都需要认真学习、及时学习。面对数量众多、类型多样、法律关系如此复杂的法律环境，在线旅游经营者要做到合规经营、合法经营，仅靠自己学习、业余时间学习是远远不够的。有条件的企业聘用专业性的律师或者律师团队,作为企业的法律顾问,帮助企业做到合规、合法经营。

(二)对地方各级文化和旅游主管部门的要求

法律的生命在于执行,规章的生命也在于执行。要确保《规定》的立法目的落实,需要文化和旅游主管部门的严格执法。

严格执法的前提是精通《规定》的原则、理念与精神,准确把握《规定》中各条规范的含义与内容;遵循《行政许可法》《行政处罚法》《行政强制法》等法律规定的执法程序,保障当事人的合法权益;熟悉《行政复议法》《行政诉讼法》有关行政行为合法性的要求、行政行为的证据标准等知识,有效应对当事人提起的行政复议、行政诉讼;了解市场监管、网信、国家安全等部门的常用法律法规,了解相关部门的职责,依法及时将不属于自己管辖的案件进行移送。落实上述要求,需要执法人员认真学习,努力学习,不断学习。

对于《规定》的实施,还需要相关部门的积极配合。从《规定》赋予地方文化和旅游主管部门的职责来看,包括行政检查、行政指导、行政处罚等。但是,要履行上述职责,限于《规定》自身的地位、立法机关的权限,《规定》赋予地方文化和旅游主管部门的执法手段有限。

前述职责,不仅需要地方文化和旅游主管部门积极履行,还需要相关主管部门,如网信、市场监管等部门及人民法院的配合、支持。

(三)对旅游者的要求

旅游和一般的有形商品、物品不同,它需要旅游者的亲身参与与配合。在旅游活动开始前,旅游者需要提供自身健康信息,如果是出境游,还需要提供紧急联络人信息;在旅游行程中,旅游者需要遵守合同约定,遵循旅游目的地的法律法规,遵循随团领队人员的安全提示,照顾其他团队人员的感受;在出现突发事件时,要积极配合随团领队、当地政府共同应对,防止损失的进一步扩大。

对此,《规定》在相关条款中对旅游者的义务,也根据上位法、旅游业的实际,做出了相应的规定。例如,第二十九条:"旅游者有下列情形之一的,依法承担相关责任:(一)在旅游活动中从事违法违规活动的;(二)未按要求提供与旅游活动相关的个人健康信息的；（三）不听从在线旅游经营者的告知、警示，参加不适合自身条件的旅游活动，导致出现人身财产损害的；（四）对国家应对重大突发事件暂时限制旅游活动的措施、安全防范和应急处置措施不予配合的。"

作为旅游者，也应当了解、学习、熟悉《规定》的相关内容。唯有在线旅游经营者、文化和旅游主管部门、相关部门、旅游者等主体共同努力，才能让旅途更安心、旅游更美好。

五、旅游政务数据安全管理

（一）《文化和旅游部政务数据资源管理办法（试行）》

2020年11月18日文化和旅游部办公厅发布《文化和旅游部政务数据资源管理办法（试行）》（以下简称《办法》），要求各司局、各直属单位和国家文物局办公室，结合实际认真贯彻执行。

《办法》共七章四十四条，分为总则、数据目录、采集汇聚、共享应用、安全管理、监督保障以及附则。《办法》明确了适用范围和权责分工，回答了政务数据资源"是什么""谁来管"的问题；围绕政务数据资源的目录编制、采集汇聚、共享应用等关键环节，明确了各项工作的范围、内容、途径、流程，回答了政务数据资源"怎么管"的问题；就政务数据资源安全管理和监督保障提出了具体措施和明确要求。

《办法》强调政务数据资源实行统一目录管理，政务部门应及时编制、审核、发布和维护更新目录清单，摸清数据资源家底；明确政务数据资源采集、汇聚、校核、提供与维护更新的具体要求，保障管理的科学性和共享的可持续性；提出文化和旅游部数据共享交换平台系统是推进政务数据资源目录管理、汇聚存储、互认共享、业务协作的基础平台和通道，政务部门应通过该系统实现政务数据资源共享服务，保障政务数据资源管理落实落地。

文化和旅游部网络安全和信息化领导小组负责统筹协调、监督指导政务部门数据资源管理工作。文化和旅游部网络安全和信息化领导小组办公室承担政务数据资源管理相关具体工作。文化和旅游部信息中心负责牵头建立物理分散、逻辑集中、资源共享、互联互通、安全可靠的数据资源体系，组织实施数据资源汇聚整合、共享交换和开发应用等工作。

（二）《文化和旅游部办公厅关于进一步加强政务数据有序共享工作的通知》

为深入贯彻落实《国务院关于加强数字政府建设的指导意见》（国发〔2022〕14号）、《国务院办公厅关于建立健全政务数据共享协调机制加快推进数据有序共享的意见》（国办发〔2021〕6号）精神和《文化和旅游部政务数据资源管理办法（试行）》（以下简称《管理办法》）要求，2022年8月4日文化和旅游部办公厅发布《关于进一步加强政务数据有序共享工作的通知》，要求要充分认识政务数据共享重要意义、严格落实政务数据共享规范要求、不断提高政务数据共享管理水平、全面提升政务数据共享应用能力、切实强化政务数据共享安全保障、持续健全政务数据共享协调机制。

[任务实施]

步骤一：阅读案例

步骤二：查阅相关资料

步骤三：进行案例分析

步骤四：给出处理建议

任务实施7-3：
案例分析3

[任务总结]

本任务通过运用所学法律知识、查找资料，对案例进行分析，给出处理建议。通过本任务的学习，学生了解数据安全基本知识，知道数据安全相关政策与法律法规，尤其是《数据安全法》，对其内容进行解读，根据所学法律知识，查找资料，进行案例分析，给出处理建议。

[任务实训]

1. 实训目的

了解旅游大数据安全相关政策与法律法规，能够结合相关资料，对旅游数据安全违法案例进行分析,并给出处理建议。

2. 实训要求

参照本节课案例,对下面的案例进行分析,并给出处理建议。

2021年12月31日,绍兴市中级人民法院就胡某某诉上海携程商务有限公司(以下简称携程公司)侵权责任纠纷一案依法做出终审判决,认定携程公司构成欺诈,判令携程公司退还胡某某订房差价并按差额房费的三倍支付赔偿金;驳回胡某某其余诉讼请求。

2020年7月18日,胡某某通过携程App预订舟山某酒店客房,支付价款2889元,后发现酒店实际门市价为1377.63元,遂引发本案纠纷。2021年7月7日,绍兴市柯桥区人民法院做出一审判决,判令携程公司退还胡某某订房差价并按差额房费的三倍支付赔偿金;判令携程公司在App中增加不同意其现有《服务协议》和《隐私政策》仍可继续使用的选项等。携程公司不服,向绍兴市中级人民法院提起上诉。

二审经审理,另查明,案外人帅某提前三日以王先生名义向酒店预订案涉房间,但未付费。帅某发现携程App上案涉房型中携程直采房源销售完毕后,通过携程App代理商后台系统输入价格2600元,附加携程公司收取的10%服务费等费用后,展示在携程平台上为2889元。等胡某某通过携程App下单并支付2889元后,帅某联系酒店更换入住房客为胡某某,支付费用1377.63元,并要求房价保密。

3. 操作步骤

阅读案例、查阅相关资料、分析案例、给出处理建议。

4. 自我评价

通过实训,进行自我评价,评价量表如表7-3所示。

项目七 旅游大数据政策与法律法规

表 7-3　评价量表

评价要素	评价标准		
	优秀	良好	合格
案例分析	能高质与高效地完成案例分析，分析全面，熟悉其中律法，并能进行总结	能高质与高效地完成案例分析，分析较为全面，熟悉其中律法	基本能够完成案例分析，但对结果不够理解
	二审审理认为，胡某某通过携程 App 预订酒店的房价远高于门市价，携程公司对此构成欺诈。携程公司未依法以显著方式区分标记自营业务和他营业务，未依法向消费者披露第三方代理商信息，对他营模式下存在的风险未予告知。同时，携程公司作为携程 App 网络服务提供者，有义务、有能力、有必要对利用其平台发布高溢价房源信息、赚取高额利润的不当行为进行监管。本案中，携程 App 上存在第三方代理商预先零费用囤房、择机翻倍加价的"倒房"行为，但携程公司怠于履行平台主体责任未进行有效监管。而且携程公司一直营造"低价""放心"等品牌形象，使消费者有合理理由充分信赖并认为，在携程 App 上展示的价格应当是低于或者至少是不高于酒店正常对外销售价格。携程公司上述过错行为，使胡某某陷入了对交易对象的认知错误，继而又基于对携程公司的充分信赖而陷入了对交易价格优惠的认知错误，最终做出不真实意思表示，实际支付了远高于门市价格的价款。携程公司应承担欺诈的惩罚性赔偿责任。 　　同时，二审审理认为，对胡某某要求携程公司对其 App 增加不同意《服务协议》《隐私政策》仍可继续使用的选项之诉请不宜支持。本案中携程公司存在侵害消费者个人信息权益的行为，其"强制且不指明具体内容"的信息收集方式违反有关处理个人信息的正当性原则；对个人信息的收集超出所必需的信息范围，不符合对个人信息收集的最小范围原则；将信息分享给携程公司可随意界定的关联公司、业务合作伙伴进行数据分析和商业利用，不符合对个人权益最小损害原则。但民事责任的承担方式应与侵权行为相适应，且依法严格保护个人信息应当平衡信息提供者利益、数据平台使用者利益和公共利益。携程公司未对消费者个人信息肆意披露和以极端方式加以侵害，对其行为给予否定性评价并要求其承担惩罚性赔偿已可达到胡某某使用携程 App 的预期效果和合同订立初衷。同时，必要的信息收集、积累和数据加工是数字经济发展的关键要素和核心竞争力。本案携程公司如果不收集胡某某的姓名、手机、身份信息等就无法实现酒店预订的服务事项。如允许消费者不提供任何个人信息，仍可使用携程 App 要求携程公司提供服务，系对携程公司的过分苛责。平台经营者将因此丧失支撑其经营模式的基础资源，也无法通过合理的数据处理更好地保障消费者利益。故对增加该 App 选项的诉请不予支持		
处理建议	快速且正确给出处理结果，并能进行总结	正确给出处理结果	处理结果基本正确
	携程公司应承担欺诈的惩罚性赔偿责任。 对胡某某要求携程公司对其 App 增加不同意《服务协议》《隐私政策》仍可继续使用的选项之诉请不宜支持		

参考文献

[1] 斯科特·佩奇. 模型思维 [M]. 贾拥民, 译. 杭州: 浙江人民出版社, 2019.

[2] 潘皓波, 陈亮. 旅游大数据的分析与应用 [M]. 上海: 上海交通大学出版社, 2017.

[3] 邓宁, 牛宇, 段锐. 旅游大数据 [M]. 北京: 旅游教育出版社, 2022.

[4] 周洪成. 基于 SOA 架构的智慧旅游综合管理服务平台设计研究 [J]. 通信与信息技术, 2021.3: 87-89.

[5] 谭林. 论旅游目的地的评价体系 [J]. 西南民族学院学报, 2001 (2): 148-151.

[6] 张朝枝, 陈钢华. 旅游目的地管理 [M]. 重庆: 重庆大学出版社, 2021.

[7] 贺繁繁, 李世杰. 旅游目的地形象及其影响 [J]. 合作经济与科技, 2022: 75-77.

[8] 陈蕴熙, 崔广伟. 河北省乡村旅游目的地空间分布及其影响因素研究 [J]. 智慧农业导刊, 2022 (21): 29-36.

[9] 梁静怡, 谢镕键. 基于网络文本分析的旅游目的地旅游形象感知研究——以三亚藤海渔村为例 [J]. 科技和产业, 2022 (22): 354-359.

[10] 宁晓春, 段文军, 冯佳乐. 基于网络文本的巴马康养旅游目的地游

客感知分析[J].绿色科技,2022(21):218-223.

[11]李想.粉丝经济视角下的影视旅游目的地营销路径分析[J].新闻研究导刊,2022(15):245-247.

[12]陈坤利.关于游客对旅游目的地形象的感知路径分析研究[J].现代经济信息,2017(5):375.

[13]林子雨.大数据导论(通识课版)[M].北京:高等教育出版社,2020.

[14]林子雨.大数据导论[M].北京:人民邮电出版社,2020.

[15]黄源,蒋文豪,徐受蓉.大数据分析[M].北京:清华大学出版社,2020.

[17]张旭东.从1开始—数据分析师成长之路[M].北京:电子工业出版社,2017.

[18]高云龙,孙辰.大话数据分析[M].北京:人民邮电出版社,2019.

[19]周庆麟,胡子平.Excel数据分析[M].北京:北京大学出版社,2019.

[20]王国栋,侯小红.旅游市场调研与数据分析方法[M].上海:上海交通大学出版社,2019.

[21]黎巎.旅游大数据研究[M].北京:中国经济出版社,2018.

[22]徐艳晴,许土妹,黄燕梅.传播过程理论视角下突发事件网络舆情的影响因素及机理研究[J].海南大学学报(人文社会科学版),2022,40(2):126-136.

[23]杨阳,王杰.情绪因素影响下的突发事件网络舆情演化研究[J].情报科学,2020,38(3):35-41+69.

[24]李坤.旅游舆情危机对旅游目的地形象影响研究[J].中国集体经济,2020(36):129-130.

[25]王冠.基于游客感知的旅游形象研究——以海南三亚市为例[J].旅游纵览,2022(5):18-20.

[26]韩岳麒,李秋爱.三亚旅游营销策略研究[J].忻州师范学院学报,

2021（2）：45-47.

［27］李宏婧，刘瑞洁，杨柳烟，杨俊，杨芳绒.基于网络点评的郑州黄河风景名胜区使用后评价研究［J］.环境科学与管理，2022（7）：174-179.

［28］唐晓岚，夏茹雪，胡刚，相西如.江苏省国家级风景名胜区游客感知形象——基于在线点评的内容分析［J］.国土与自然资源研究，2020（3）：74-81.

［29］刘文龙，黄维.基于领域词典的留园构成要素情感分析［J］.科学技术与工程，2021（8）：191-196.

［30］万津津，朱卫未.基于大数据的江苏省智慧乡村旅游营销与管理创新策略研究［J］.中国经贸导刊（中），2019（9）：64-67.

［31］闫祥祥.使用ARIMA模型预测公园绿地面积［J］.计算机科学，2020，47（S2）.

［32］方琼.《中华人民共和国旅游法》解读［J］.中国防伪报道，2016（10）：50-51.

［33］中华人民共和国数据安全法［J］.中华人民共和国全国人民代表大会常务委员会公报，2021（5）：951-956.

［34］中华人民共和国数据安全法［N］.人民日报，2021-06-19（07）.

［35］中华人民共和国个人信息保护法［J］.中华人民共和国全国人民代表大会常务委员会公报，2021，353（6）：1117-1125.

［36］在线旅游经营服务管理暂行规定［J］.中华人民共和国国务院公报，2020，1713（30）：37-41.

［37］中华人民共和国国务院新闻办公室.新时代的中国网络法治建设［N］.人民日报，2023-03-17（11）.

［38］王珂，郑海鸥.在线旅游发展有了法规依据［N］.人民日报，2020-09-01（12）.

［39］戴斌，葛亮亮.解码旅游大数据［N］.人民日报，2017-02-10（06）.